社会组织与社区治理

SOCIAL ORGANIZATION
AND COMMUNITY GOVERNANCE

曹飞廉 等 著

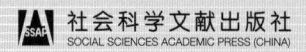

社会科学文献出版社
SOCIAL SCIENCES ACADEMIC PRESS (CHINA)

目 录

前言：呼唤社区公共精神 …………………………………………… 001

第一篇　社会组织篇

论当代中国社会组织在社会建设中的主体地位 …………………… 003
北京市公益性社会组织案例分析 …………………………………… 034
北京延庆农民专业合作社发展状况调查与分析 …………………… 049

第二篇　社区治理篇

当代中国社区社会组织参与社区治理研究 ………………………… 063
城市居民社区参与研究
　　——基于北京市 D 街道社区营造案例 ………………………… 087
社区自组织嵌入社区治理的协商机制研究
　　——以两个社区营造实验为例 ………………………………… 099
社会组织参与社区协商治理研究
　　——以北京市 F 和 Z 社区议事会为例 ………………………… 117
支持型社会组织参与城市社区治理研究
　　——以北京市 TH 组织为例 …………………………………… 133

第三篇　他山之石篇

伦敦社区复兴运动 ················· 159
英国社会企业概述 ················· 169
英国大都市的社区治理 ············· 185

当代中国中产阶层的公益参与
　——从宋以来的慈善传统出发（代后记） ········ 210
跋 ························· 218

前言：呼唤社区公共精神

一 从"礼俗社会"到"法理社会"

人类社会组织形式在从"礼俗社会"到"法理社会"的变迁过程中，曾逐步丧失了传统社会结构中蕴含的某些仍有传承意义的精神文化价值，如人际聚合力、社群公共生活的参与性，基于群体生活意识的认同感、归属感、互助性和公益精神等。① 尤其是随着社会生产力进一步发展，大规模生产和消费的大众社会的形成使得社会组织结构和社会秩序发生更大的变化。大众社会的一个重要特质是，结构上占数量优势的大众并不是有机结合在一起，而是有机地"集合"在一起。大众越来越失去自律自主性，越来越成为媒体的消费者和疏离被动的"受众"，依赖庞大的、自我运转的科层制机器，大众日益丧失建设性的参与感，成为真实社会的旁观者。

西方近代社会自发的现代化发展，曾在三四百年间的历史中取得其伟大、辉煌的成就，但也使人类社会付出巨大的代价：人类生活所依赖的自然环境受到破坏，社会生活世界的各个层面被物化和非人性化，并造成无数冲突，产生各种错综复杂的社会、经济、政治、法律、伦理等问题。对此，19世纪以降各种流派的社会思想家、社会改革家进行了不懈的努力，并针对现代化发展所引发的种种问题加以反省检讨，以期寻找和建立较为合理的各种现代制度结构和价值规范，以便最终可以制止、控制现代化进程继续盲目

---

① 葛翠华、聂云杰：《"社区与妇女"中日研讨会综述》，《妇女研究论丛》1999年第4期。

地、破坏性地发展下去。

在此过程中,"社区"这一社会学概念范畴的重新发现,以及对"社区"这个主要是传统社会之表征的社会组织形式所蕴含的人际维系力资源、政治与社会参与资源、社会控制资源、社会互助资源等的再认识和再开发,为现代社会发展上一个新台阶提供了某种制度结构和价值规范的支持。[①]

二 社区与社区公共精神

社区是一个多向度的概念,除了具有地域性、空间性外,还具有情感性、道德性、公益性、精神性。社区所表征的是对公共领域的关注,而非孤立个人的追求,是在共同的交往中形成的公共好处。

当德国人滕尼斯首次将"社区"一词作为一种与现代城市社会相比较的社会类型的分析范畴引入社会学时,它恰恰不是作为现代文明的标志,而似乎代表着从18世纪启蒙运动以来对西方工业化、城市化、理性化的现代性怀疑和反思,是向传统欧洲村社、乡土社会的复归。社区及社区精神在这里作为近代工业体系市场制度的冰冷的计算精神、疏离的人际关系的对立物。透过腾氏对社区具有的亲密无间的人伦关系的叙述,分明看到的是对传统精神的呼唤。[②]

历史地看,城市化运动将人们一步一步推向文明。城市是现代文明的必然产物。然较之传统农村社区,现代城市社区生活究竟是一种幸,还是不幸?

人口高度集中和大规模聚集是城市区别于农村的基本特征之一。人口集中,土地的利用就需精打细算,于是现代城市中最为常见的居住格局是多层和高层建筑。生活空间的立体化、高层化、单元化、独立化,改变了传统社

[①] 方志华、王文洪:《现代城市社区精神的价值发现》,《浙江海洋学院学报》(人文科学版) 2004年第3期。
[②] 孙慧民:《现代大都市社区精神文明建设的机制与目标——关于上海城市社区发展的调查与思考》,《上海社会科学院学术季刊》1996年第4期。

区的人文生态，邻舍间、家族间的交往密切程度减弱。楼上楼下、左邻右舍相邻十多年，互相不知对方的背景，甚至连对方的名字都全然不知的事情，在城市里也是司空见惯的。①

同时，社会变迁必然带来人生观、婚姻观、性观念、财产观等一系列价值观的巨大变化。价值观变化的显著特征是较之物质形态的变化更复杂更多元，对思想道德的失序颠乱更具深刻影响。齐美尔对金钱重要性的论述也许是以最有力的方式揭示了城市价值观念的精髓。他说："大都市始终是金钱经济的地盘。"金钱把所有的人格和品质都简化成了一个问题："值多少钱？"

城市人口密集，但人与人之间的交往、情感的密切程度并不相应增加，而是恰恰相反。有关"大众社会"的社会学研究，非常生动地展示了现代人的精神处境。大众社会是现代工业文明的产物，它主要是18世纪工业革命以来生产方式的改变所导致的社会组织结构，社会秩序关系发生变化的结果。大众社会一个重要的特质是，结构上占数量优势的大众并不是有机地结合在一起，而只是无机地"集合"在一起。在城市社会中，这种孤独的个人只有在特别的、很窄的、单调的周围环境中才能认识他人，与之发生某种交往关系。②除此以外，人与人之间没有什么关系，彼此之间是平等、孤立的个体。在一个阴冷的雨天，笔者坐在飞速行驶的公交车里，透过窗户望着远处一栋栋像火柴盒似的公房，赤裸裸地立在滂沱的大雨中，心中一阵凄然。这就是大众社会，个人消失在人群中，有没有你都一样，人群还是人群。

在这样一个工业时代的大众社会中，呼唤社区精神本就是一件难事。而中国由于诸多文化历史因素，社区公共意识尚未形成。

首先，中国传统的伦理道德，以家庭为中轴，形成浓重的家庭、家族意

---

① 方志华、王文洪：《现代城市社区精神的价值发现》，《浙江海洋学院学报》（人文科学版）2004年第3期。
② 方志华、王文洪：《现代城市社区精神的价值发现》，《浙江海洋学院学报》（人文科学版）2004年第3期。

识。因此，难以落实重"公"的道德伦理。对于非自家人的他人，缺少群己关系的道德规范，此所谓有私德而无公德，公益心失落。

　　费孝通先生在《乡土中国》中指出，"私"的毛病在中国实在比愚和病更普遍得多，从上到下似乎没有不害这毛病的。[①] 他认为这私的问题不能从个人层次来理解，而必须从群己界限的划分，从整个社会结构的格局来考虑。在"差序格局"下，"己"是中心，而中国的社会结构就是由己向外推出去和自己有亲疏远近的一圈圈关系网络。因此，中国人总是向家族主义（农村）或家庭中心主义（城市）倾斜。

　　其次，在传统中国，公与私还被作为空间性的概念来理解。空间性的"私"针对个人或家庭领域而言。反之，空间性的"公"，往往是指与"君"或"官"有关的场所，也是指政府或国家的领域。所以在笔者的日常用语或观念中，"公"字与"官家"总是不分的，没有从私人领域中剥离出来的"公共领域"的概念。传统中国在普遍王权观念下，一方面没有出现过以独立自由的个人为基本单元的"私人领域"，另一方面也很难出现私人利益之集合的"公共领域"。既然国家、社会、个人三者之间不可能保持一种相对分立的距离，也就很难形成参与和公益精神。

　　最后，新中国成立以后，社会组织形式是"单位制"的结构形式。国家把"一盘散沙"似的民众，在农村以生产队大队等为单位，在城市以企业、公司、局等为层级或单位组织起来，每个人都必须隶属于一个单位，每个单位必须有一个上级单位，而最大、最高的单位便是国家。国家通过单位形式来组织和管理全部的社会经济活动。在这种体制下，只有单位组织才拥有执行和贯彻政府政策，组织政治、经济和社会活动的权力，而其他非单位组织的形式则遭到否定。企业等单位组织与政府部门在目标、职能和利益上的高度统一，使它们紧紧地依附于党政部门，成为党政部门的附属物。同时由于单位与国家目标的重合，它们不同程度地成为承担国家政治、经济和社会多元目标和职能的"小社会"。同时，"条、块"分割的联结方式和单一

---

① 费孝通：《乡土中国》，人民出版社，2008。

的纵向联系渠道，也增加了单位组织各自的以及它们与社区之间的封闭性，使它们自成体系，不断发展社会分工以外的其他多项和综合的功能，以满足单位成员的基本需求。单位组织职能多元化的直接结果，是强化了个人对单位的全面依附性。单位作为职工的全权所有者，力求包揽和负责职工的一切问题，职工也依赖单位解决各种问题。虽然他们对单位的认同程度因单位为个人提供的社会性资源，如权力、声望、教育、福利、保障等的多少而有所不同。① 但是，个人的单位身份却是客观存在并且难以改变的。

这种个人对单位的全面依附性产生强烈的"单位意识"，而不是"社区意识"。随着市场经济体制的确立，急切呼唤着"社区意识"在社区居民中的自觉。

三　公共领域与公共精神的呼唤

传统中国也有"公"这个概念，然而哈贝马斯所指出的"公共领域"与中国"空间的"公全然不同。哈贝马斯的"公共领域"主要是指国家与社会之间充满紧张性的一个领域，是同国家相对立的，它属于私人领域的一部分。哈氏认为，公共领域是一个历史范畴，而公共领域根源于私人领域。他说："最重要的是，资产阶级的公共领域或许可视为私人聚合在一起成为公众的领域。"这些聚合一起的个人从事理性与批判的公共讨论，即形成公共舆论，从而制衡绝对性的国家权力。

从西方特定的历史文化背景来看，自由运行的社会性市场机制和以公民个人为基点的独立自治和平等参与的民主，是造就西方社会发展史上的一种社会形态，即市民社会的两个基本条件。

然而，如今取而代之的是大众社会，大众社会是现代性在社会秩序关系层面的落实，其兴起的同时伴随着社会生活中各种公共领域的衰落。公共领域中自律自主的成员转化成大众社会里被动、疏离的大众，是现代性全面展

---

① 张亮：《上海社区建设面临困境：居民参与不足》，《社会》2001年第1期。

现的整个历史中极为重要的一幕。这个转化虽然有着极复杂的面貌，但无可否认，在这个转化过程中，大众传播、大众文化等文化工业扮演了重要的角色，它成功地使公共领域的成员从一个形成公共性生活文化的主动讨论者、参与者变成一个消极旁观的疏离文化的被动消费者。① 因此，现代大众社会所面临的精神处境是人的疏离，人们失掉了文化的根，失去了公共领域，因而不能过着真正的群体共同生活和政治生活。而让各种形式的外在权威和科层制组织机器操纵性地主宰人们的生活。简言之，在现代资本主义社会体系的运行过程中，那些非市场化、非行政化的活动，即生活世界和公共空间被市场机制和行政科层的权力侵蚀了。西方社会的现状亦是如此。

黄宗智的研究发现，从历史来看，中国的"公共空间"并非资产者的，公共空间的运作主要是在地方和乡村层面。新中国成立后的社会结构是以国家权力的不断强化为其主要特征的。首先是革命的胜利促使国家政权建设的大扩展，表现为正式的国家机构的数量与规模大幅度上升。其次是经济领域的公有化程度不断提升。最后是非行政性社会组织的准行政化设置。在这一时期公共空间几近全面失落。改革开放40余年间，随着政企分开原则和商品经济观念的确立，行政系统与市场系统之间的界限逐渐出现。同时，国家权力不仅退出一部分原本不应当以法律手段加以控制的领域，而且让出一部分用行政手段加以干预成本昂贵、效益低下而得不偿失的领域，并以此为社会重构的基础。②

如前文所述，中国的基层社会是有自治的传统的，尤其在北宋之后更是如此。因此，笔者认为城乡社区公共领域和自治的培育可以也应当作为社会建设和社会治理的基础与起点。在一个彼此相熟相知的社区中，其成员可以就一般利益开展自主、平等、开放、免于强制的讨论，因而形成拥有正当性、能真正表达一般利益的公共意见。从这个意义上来说，笔者所呼唤的社区"公共领域"并非与国家权力相对立，而是国家权力与民间力量的协调，

---

① 刘小新：《20世纪80年代台湾的民间社会理论与文化论述》，《东南学术》2010年第6期。
② 沈关宝：《公共空间与社会结构》，《社会转型与社区发展——社区建设研讨会论文集》，2001年11月。

共同营造安居乐业的社区环境。

然而，当下中国城乡社区的居民是否能靠自身力量进入"自治"状态呢？早在民国时期，晏阳初、梁漱溟等乡村建设运动的倡导者就开始提出这个问题。并通过他们的乡村建设实践在一定程度上回答了这个问题，即乡村自治自然是靠乡村里的人，然而单靠乡民自身是不够的，还需要有文化知识、有专业技能和理想信念的知识分子的介入与长期陪伴才有可能实现。笔者认为目前中国的社区自治建设亦复如是。那具体如何实现呢？这正是笔者希望借助本书来探索的。

本书收录了笔者近二十年来对社会组织，尤其是公益组织、社区治理和社会建设的一些思考。希望能对自民国时代的乡村建设运动就提出的核心议题，"如何培育中国人的'公德意识'和'公共精神'"做出富有价值的思考。

第一篇
社会组织篇

论当代中国社会组织在社会建设中的主体地位[*]

社会组织是社会建设的主体之一,是在社会建设中发挥社会协同和公民参与作用的重要载体。改革开放以来,在快速的体制转轨和社会转型过程中,国家社会一体的"总体性社会"发生了功能分化,市场和社会相继从这种"总体性社会"中分离或成长出来。相对于市场领域的分离和经济组织的成长,社会空间的扩展和社会组织的成长出现得更晚,发育得更不成熟。当前,以民营经济为主体的新经济组织已经成为吸纳就业、推动中国经济发展和市场体制建立的主导力量;而在社会领域,社会组织在社会建设中组织社会、管理社会、服务社会的功能发挥远不充分,社会建设主体作用尚未体现。

本文从社会建设的视角,阐述当代中国社会组织的产生、发展及其行动逻辑,分析社会组织的功能,探讨社会组织所面临的困境,并提出促进社会组织发展的政策建议。

一 当代中国社会组织的产生与发展

(一)社会组织类型的划分及界定

民政部关于社会组织的分类体现了管理部门对于社会组织的界定。根据

---

[*] 本文原载于陆学艺主编《当代中国社会建设》,社会科学文献出版社,2013,原标题为"社会组织"。

登记注册性质,社会组织被划分为社会团体(以下简称"社团")、民办非企业单位(以下简称"民非")①、基金会三大类。同时,依据功能将全部登记注册的社会组织分为5个大类:经济类、科学研究类、社会事业类、慈善类和综合类,并在此基础上进一步划分为14个小类。

但是在民政部的分类和统计中并没有包括免予登记的社会组织和未登记、转登记(在工商管理部门以经济组织形式登记)的大量草根社会组织。本文根据社会组织"由谁发起",将其大体分为由政府主办的社会组织和民间发起的社会组织两大类。具体而言,政府主办的社会组织主要包括8家人民团体、14家免予登记的社会组织,还包括在民政部门登记注册的部分社团与公募基金会。民间发起的社会组织主要包括"民非"、非公募基金会和所有草根社会组织,此类组织由于多是在改革开放以后通过公民自身力量组建发展起来的,我们又称它为新社会组织(见表1)②。

表1 社会组织的分类

政府主办的社会组织	新社会组织
人民团体 免予登记的社会组织 政府主办的社会团体 政府主办的公募基金会	民间发起的社会团体 民间发起的公募基金会 非公募基金会 民办非企业单位 草根社会组织

这两类社会组织在成立时间、机构理念、经费来源、治理架构、人员构成、功能发挥和社会影响等方面都存在较大的差异(见表2)。

---

① 2016年3月,全国人大通过《中华人民共和国慈善法》,首次将民办非企业单位改称社会服务机构。2017年3月,全国人大通过《中华人民共和国民法总则》,正式确立了社会服务机构法人地位。

② 在中国大陆开展活动的境外NGO,由于组织的内部与外部制度环境与我国的社会组织存在显著差异,不在本文研究范围之内。此外由于我们的数据库中不包含基金会,因此样本数据也不反映基金会的发展状况。关于当代中国基金会的研究及相关数据可参见基金会中心网编《中国基金会发展独立研究报告(2012)》,社会科学文献出版社,2012。

表 2　两类社会组织特性比较

特征	政府主办的社会组织	新社会组织
成立时间	1985 年以前	1985 年以后
机构理念	沟通政府与民众的桥梁	公民自治
经费来源	政府	民间
治理架构	科层制的垂直架构	民主制的平行架构
人员构成	准政府工作人员	社会组织工作人员
功能发挥	同时满足政府与民众的需求	满足公民自身需求
社会影响	较大	较小

（二）当代中国社会组织的发展状况

1. 当代中国社会组织发展的背景

（1）经济体制改革和政府职能转变释放了社会组织发展的社会空间

党的十一届三中全会是社会组织发展的历史转折起点。它在宣告经济体制改革的同时，也引发了政治体制、行政体制、社会体制等领域的改革，为社会组织的产生、发展、壮大提供了政策环境，也促进了社会组织参与社会建设的实践。一方面，改革触发了我国原有社会组织中坚力量"工"（工会）、"青"（青联）、"妇"（妇联）等人民团体和免登记社团的职能转型；另一方面，改革也推动了新社会组织的发展。党的十六届三中全会以来，党和国家对发展社会组织提出的要求更加明确。党的十七大明确提出"重视社会组织建设和管理"，"发挥社会组织在扩大群众参与、反映群众诉求方面的积极作用，增强社会自治功能"。党的十八大提出"加快形成政社分开、权责明确、依法自治的现代社会组织体制"，"强化企事业单位、人民团体在社会管理和服务中的职责，引导社会组织健康有序发展"的新要求。这些新论述是党在新时期、新阶段动员各种社会力量参与社会建设的重要举措，为社会组织的发展提供了强有力的政策环境。据统计，截至 2022 年底，在民政部门登记注册的社会组织数量已达到89万之多①。同时，地方政府在培育社会组织体制机制方面也不断取得新突破。例如，北京、上海、大庆、广东等地相继成立了社会建设的组织领导和工作机构，负责全面统筹协调社会建设，为社会组织发育、发展和壮大提供了实践平台。

(2) 中产阶层的发展和公民社会参与的增强是社会组织发展的重要社会背景

有学者统计，我国中产阶层目前已占总人口的23%，并且以每年1%的速度在增长。② 在中产阶层中，民营企业家、专业人员和知识分子发挥着核心作用。这一阶层为社会组织的发展提供了物质财富、人力资源和精神理念。调研发现，社会组织的发起人与领导者中有相当一部分属于专业技术人员阶层，抽样调查显示其占创始人总人数的52.3%（见表3）。大学毕业生正在成为社会组织最主要的从业者，尤其是社会学和社会工作专业的毕业生中有相当一部分人有志于在社会组织中实现自己的人生理想。此外，公民对社会公共事务的参与意识不断增强，网易、新浪、搜狐等门户网站都开设了公益频道，腾讯、阿里巴巴等互联网企业也成立了公益基金会，回应公民此方面的精神诉求。公民的社会参与意识在汶川地震救援行动中里程碑式地充分展现。据不完全统计，奔赴四川在一线参与救灾的民间组织有300多家，而几乎所有的社会组织都不同程度地参与到全国各地的救灾工作中，而介入的志愿者更达到300万人左右。③ 如果说普通民众的参与意识的增强为社会组织的发展提供了良好的社会舆论环境，那么近年来由企业家出资组建的非公募基金会的发展则显示了企业家公益精神的增强，也为民间社会组织的发展提供了财物支持。调查显示，在社会组织的所有收入中，来自基金会的资金所占比例平均为65.1%。

---

① 数据来源：《2022年4季度民政统计数据》，https://www.mca.gov.cn/mzsj/tjsj/2022/202204tjsj.html。
② 陆学艺主编《当代中国社会结构》，社会科学文献出版社，2010，第422页。
③ 朱健刚等编著《汶川地震中NGO参与个案研究》，北京大学出版社，2009，第4页。

表3　社会组织创始人在组织创建之初的职业

单位：人，%

分类	数量	有效百分比
国家与社会管理层	14	3.1
经理阶层	35	7.7
私营企业主阶层	11	2.4
专业技术人员阶层	239	52.3
办事人员阶层	42	9.2
个体工商户阶层	6	1.3
商业服务人员阶层	15	3.3
产业工人阶层	12	2.6
农业劳动者阶层	5	1.1
城市失业、半失业者阶层	3	0.7
学生	23	5.0
退休人员	12	2.6
无法归类	40	8.8

注：此表中的数据来源为香港中文大学社会创新研究中心（CSIS）在2010~2012年从中国内地收集的263家社会组织的数据库中整理所得。下文不再重复说明。

数据来源：香港中文大学CSIS社会组织数据库，2012年。

（3）境外非营利组织对中国社会组织参与社会建设的推动作用

清华大学NGO研究所提供的数据显示，目前在华境外NGO的总数在1万家左右，其中有35家基金会在民政部获得登记注册。这些组织每年动员的资金规模有数十亿元，开展的项目广泛分布于教育、卫生保健、扶贫与社区发展、中国本土NGO能力建设、环境与动物保护等领域。[①] 此外，国外一些援助机构也直接或间接地推动了我国社会组织的发展，并且从理念层面对我国社会组织的治理架构和项目运作产生影响。

---

① 韩俊魁等：《境外在华NGO：与开放的中国同行》，社会科学文献出版社，2011，第7、25页。

2. 当代中国社会组织的发展状况

（1）政府主办的社会组织

新中国成立后，民间的结社活动基本停滞。作为一种替代，1949~1958年，国家先后组建了七大人民团体[①]。加上1981年成立的中华全国台湾同胞联谊会，形成我们通常所说的八大人民团体。同期，国家还成立或改组重建了若干准政府社团和经国务院批准可免于登记的14家社会团体，包括中国文学艺术界联合会、中国残疾人联合会等。这类组织是作为国家行政架构上的一个组成部分而发挥功能性作用的社会组织。这种功能性定位表明，它们必须依靠政府并且要协助党和政府工作，是国家对社会实行管理的辅助力量。

改革开放后，中国经济体制和社会体制改革不断深化，这些人民团体也在职能调整中努力寻找新的方向和定位。此前，这些团体的主要功能是宣传教育、向上反映情况等。改革以后，一些社会团体或组织为适应新的市场经济的条件，及时调整运营方式，拓宽经济来源，改进工作项目，在新形势下显示了活力并发展壮大，成为中国公益事业的骨干，在社会组织参与社会建设的进程中发挥着重要作用。因此，在未来相当长的一段时间内，此类组织在发展现代公益事业中如何转型非常值得重视。

（2）民间发起的新社会组织

由民间自发形成的各类社会组织得到蓬勃发展，截至2009年底在民政部门登记注册的组织总数已达43万家之多（见表4）。在社团中占比最高的三类组织依次是农业及农村发展类组织、社会服务类组织和工商服务类组织；在"民非"中依次是教育、卫生和社会服务；在基金会中依次是教育、社会服务和文化（见表5、表6）。重要的是，中国社会组织的实际数量远不止这些，至少还有几类社会组织没有进入民政部门的统计范畴，其中包括政府主办的社会组织（即前文所述的人民团体等），民办但在工商行政管理部门或其他部门登记注册的社会组织，在各自所属单位内部活动而无须登记

---

① 在本文中，笔者将这些免于登记的社团组织统一沿用"人民团体"这一称谓，以此和在民政系统登记注册的三类社会组织相区分。

注册的社会组织，挂靠在其他社会组织之下的社会组织，以及大量无法登记或不愿登记的社会组织（其中多数被称为草根社会组织）。这几类组织的总量大大超过民政部门登记注册的组织数量。我们的调查结果显示，在民政部门登记注册的社会组织仅占样本总量的 32.2%。

表4 2003~2009 年社会组织的发展（按注册性质分类）

单位：家

年份	社会组织合计	社团	"民非"	基金会
2003	266612	141167	124491	954
2004	289432	153359	135181	892
2005	319762	171150	147637	975
2006	354393	191946	161303	1144
2007	386916	211661	173915	1340
2008	413660	229681	182382	1597
2009	431069	238747	190479	1843

数据来源：国家民间组织管理局中国社会组织网，http://www.chinanpo.gov.cn/web/index.do。

表5 2008 年社会组织数量（按注册性质和功能交叉分类）

单位：家

社会组织分类	"民非"	基金会	社团	总数
农业及农村发展	1166	36	42064	43266
社会服务	25836	320	29540	55696
工商服务	2068	5	20945	23018
科技与研究	9411	67	19369	28847
文化	6505	94	18555	25154
职业及从业组织	1441	5	15247	16693
教育	88811	450	13358	102619
体育	5951	30	11780	17761
卫生	27744	52	11438	39234
生态环境	908	28	6716	7652
宗教	281	10	3979	4270
法律	862	22	3236	4120
国际及涉外组织	21	11	572	604

数据来源：国家民间组织管理局中国社会组织网，http://www.chinanpo.gov.cn/web/index.do。

表6 社会组织功能发挥领域的比较

单位：%

民政部的类型划分	社会组织	有效百分比
经济	农业与农村发展 工商服务	16.02
社会事业	文化 教育 体育 卫生 生态环境	46.52
慈善	社会服务	13.46
科学研究	科技与研究	6.97
综合	职业及从业组织 宗教 法律 国际及涉外组织 其他	17.93

除了在数量上的增长以外，从社会组织的整体人力资源结构来看，近些年的发展还是很明显的，2008年我国民政部门登记注册的社会组织吸纳就业475.8万人，占非农就业的比重为1.85%。若算上在草根社会组织就业的人数，应高于这个比重。其中大学专科及以上学历所占比重为26.97%，拥有助理社工师和社工师资格的有5907人。我们的调查显示，创始人中有74.7%来自中产及以上阶层。从年龄结构上看，以中青年为主，45岁以下的占72.6%。[①] 我们的调查也同样印证了这一点，即创始人的年龄在50周岁以下的占89.6%。由此可见，社会组织已经从离退休人员发挥余热的舞台转变为吸引高学历专业技术人员的朝阳产业。

目前来看，我国新社会组织之间的发展程度呈现明显的差异，总体来说，就是存在三个梯队。第一梯队就是那些由政府部门发起成立的社会组织，以及近些年随着政府有意识地推动企业和个人在社会责任意识的促动下

---

① 康晓光等主编《中国第三部门观察报告》，社会科学文献出版社，2011，第17页。

而成立的非公募基金会。第二梯队包括以"民非"性质注册的民办教育和医疗机构（其在本质上均为营利性公共服务组织），以及1995~2000年由民间自发组建的公益组织。其主要的发展契机即1995年世界妇女大会在中国的召开，其成立之初的办公场所和项目经费主要来自境外非营利组织的支持。余下的便都被归入第三梯队，即我们通常所说的草根社会组织。之所以称它们为草根是因为发起人不是政府部门，不是企业家，也不是明星，而是前文所述知识分子和专业技术人员、工人、农民等普通公民。其中的多数都处在生存线的边缘，然而在那些获得社会广泛认可的公益组织中有相当一部分来自这一梯队，如地球村、星星雨等。如今随着社会组织之间横向合作的增多，通过一些公益性的奖项，如"壹基金的典范工程项目"，它们逐渐获得越来越多的公众的关注。

二 社会建设中社会组织的功能

（一）社会组织的行动逻辑

一些学者在对民间志愿行动的研究中，认为中国在1990年以后兴起的志愿性的集体行动存在四种外部的行动逻辑和两种内部的行动逻辑。[①] 在此基础上，笔者认为当代中国社会组织的集体行动存在以下几种逻辑。

1. 慈善福利的逻辑

对于公益性社会组织而言，组织成员首先需要厘清组织的服务对象是谁，采取什么样的行动途径来给予服务对象以帮助和服务，这种行动对服务对象和社会的长期意义何在。例如致力于从事乡村教育的社会组织成员认为深入乡村社区，自主办学，探索新的乡村教育的模式和思路，对当地的孩子、社区和整个社会都将产生助力和推动作用，这就是此类组织赋予自己的下乡办学行为的外在意义。依据这种组织自身在服务输出过程中所赋予的意义来看，最普遍的外部行动逻辑就是慈善福利逻辑。在中国社会

---

① 朱健刚：《行动的力量——民间志愿组织实践逻辑研究》，商务印书馆，2008。

的转型过程中，随着科学主义和资本逻辑的逐渐确立，社会开始分化为强势和弱势两大群体，于是公益组织试图通过它们的服务来减轻弱势者遭受的困难。

2. 参与式发展的逻辑

对于越来越多的公益组织而言，它们开始认识到缺少教育、技术、资源才是导致当地社区贫困的根本原因。因此福利逻辑已无法满足组织为其行动所构建的意义框架，进而衍生出了一种新的逻辑——通过当地服务群体自身的努力来改变它们的状况，从而让服务群体能够获得更多的文化自信——参与式发展的逻辑。

3. 理性维权的逻辑

理性维权的逻辑成为维权类公益组织的主要行动逻辑。在一些地方，侵犯公共利益的群体支配着权力，权益被侵害的一方要改变不公正的境遇就会发生现实的冲突。这样就出现了以维护服务群体的权利为主要内容的维权组织。不过与西方国家的维权组织不同，它们通常不挑战国家总体的社会法律制度，相反是要依照国家的法律权威来为服务对象争取权利，从而实现自己的发展。

4. 制度变革的逻辑

在公益组织的集体行动过程中，组织成员发现在一些服务领域，现存的制度和文化无法提供支持，甚至许多制度本身就是造成不公正的根源。基于这样的认识，部分公益组织将集体行动赋予社会变革的意义，它们试图通过社会实践倡导一种价值观，并寻找社会体制变革的空间。

5. 利益逻辑

对于那些为农业及农村发展和工商业发展提供服务的经济类组织（如行会商会和农村专业经济协会等）而言，它们的成立是使组织成员的利益获得保护和增长。其集体行动的主要逻辑是利益逻辑。[1]

---

[1] 关于经济类社会组织的集体行动逻辑的论述可参见〔美〕曼瑟尔·奥尔森《集体行动的逻辑》，陈郁、郭宇峰、李崇新译，格致出版社、上海三联书店、上海人民出版社，2011。

（二）社会组织在社会建设中的功能

1. 功能转型：政府主办社会组织的作用发挥

新中国成立以后，政府主办的社会组织中的主体——免予登记的社会团体，就是以国家政治体制和爱国统一战线的重要组成部分而存在的，这就决定了其目前的主要作用依然是"维系党与广大人民群众联系的桥梁和纽带"。

随着中国社会转型的加速，此类组织的政治功能已有所弱化，而社会功能显著增强。其中的部分组织顺应时代的需求，调整内部治理结构，拓展服务领域并积极寻求与基层政府和新社会组织的合作。尤其对于人民团体而言，由于民间自发形成的社会组织已显示出其越来越强劲的活力，并与之构成一种竞争关系，于是它们也开始更为积极地拓展其生存空间，如今已经有相当一部分的功能与新社会组织重合。

如前文所述，政府主办的社会组织是在我国特定的政治、历史条件下形成的社会团体。在中国的转型阶段，它们正面临新的任务和挑战。在这方面，有的组织已经迈出了实质性的步伐，而有的组织则仍在曲折中探索前行。其中，中华全国总工会（以下简称"全总"）就处于相对尴尬的位置，这主要是由其在社会主义市场经济中的功能定位决定的。

无论是对于欧美和日韩等东亚国家还是目前正处于转型时期的中国而言，工会都在整个社会组织体系中扮演着举足轻重的角色。对于前者，它是一个平衡国家与市场力量的利益集团；而对于后者，它是联系党和人民群众的桥梁。而在当前社会主义市场经济条件下工会则是连接劳方、资方和党政系统的纽带，同时也是维护工人利益的组织机构。正是由于在工业化和现代化历程中，工会所具有的这种普遍性功能及在中国的特殊性，与妇联和共青团等人民团体相比，全国总工会以及地方各级工会为了适应市场经济条件下出现的许多新情况、新问题时所面临的处境要更加困难和复杂。

伴随着经济的迅速发展，社会矛盾也日益突出，近十年来劳动争议、工人罢工和群体性事件不断发生。尽管这些事件中的大多数罢工者只是要求法定的最低工资或合理工资、雇主缴纳社会保险金及更好的工作环境，但是工会的组建问题已经成为其中一些事件的主要争端。在2004年日资友利电罢工事件中，罢工领导人列出的主要要求之一就是组建工会；2007年发生在一家德资企业的罢工事件中，在其已存在工会组织的前提下，工人要求普通基层工人代表也能加入工会委员会；2010年本田罢工工人也提出了类似的要求。

因此，"全总"内部的改革者已经清醒地认识到，为了更好地表达工人的利益诉求和加强工会的基层组织建设，基层工会干部需要实行民主选举。"全总"希望通过此举实现三项目标：第一，使基层工会干部对工人负责，工会干部会深感肩上的责任重大，自然就优先考虑工人的利益；第二，随着工会干部对工人越来越负责，工会直选能够提供一种转变途径，使工会演变为更为社会化的人民团体；第三，工会激励更多的是为了满足工人的利益诉求、解决工人在工作场所发生的矛盾而非仅仅管理工人的福利。尽管尚未能通过颁布选举条例来使直选工作制度化，但最终还是达成了一个折中的方案，即一方面认为在国有企业和公共事业单位开展直选是合适的，另一方面又认为在民营企业或外资企业进行直选不太合适。不过，说"不大合适"并不意味着直选是被禁止的，这表明改革派在想方设法为地方试点提供可能性。例如，广东省总工会已经规定，工会直选可以首先在外资企业，尤其是跨国公司开展起来。

迄今为止，富有社会变革意义的工会民主选举基本上出自基层。地方工会的各级干部坦然承认，基层的工会民主选举，包括直选工会主席的情况，是来自基层的做法，是工人的要求；如果只是凭借工会干部自己现在具备的胆识和能够付出的精力，很难实现这种变化。工会的民主选举，基本上可以使原来难以作为的维权体制转换为能够维权的体制，无序的员工权益诉求可以被纳入较为有效的维权体制。然而，正如一些学者提出的，工会基层直接选举要制度化依然存在较大的阻力。就全国的一般情况而言，雇主显然不愿意看到一个强大的工会，地方政府从实现经济目标和政权稳定的角度也不愿意工会强大。但是，政府和上级工会，又力求显示出民主化的进步。工会基层直接选举往往与跨国公司开展的社会责任有关。虽然也有来自政府、工会等方面的动力，但是缺乏足够的内生的原动力。

由于这些不同力量的作用，中国工会基层直接选举乃至整个工会今后如何发展，趋向尚不够明朗。①

由以上论述我们可以看到，在中国40多年的转型历程中，老产业工人逐步退出历史的舞台，而新一代的产业工人正在形成之中，其中又有相当一部分是年龄在30岁以下的农民工。面对这一全新的产业工人群体以及他们的利益和价值诉求，代表中国工人利益的唯一法定机构——工会必然面临着变革的巨大压力与挑战。工会基层直选是一种有益的探索，虽然其未来的前景尚不明朗，然而终究已逐渐地改变中国工会的社团特征，将它向更为民间化的社会组织方向推进了一大步。

纵观历史，改革开放以来的40多年，政府主办的社会组织的政治角色相对以前有所弱化，而社会功能性角色明显增加。因此，如何寻找党和政府需求与其所代表群众需求的最佳结合点，是此类组织进行自我调节和改革的关键所在。

2. 底层力量：新社会组织的社会建设功能

基于前文所述的关于社会组织集体行动的几种逻辑的阐述，笔者认为当代中国的新社会组织主要具有下述几项功能。

（1）集体利益增益的功能

从经济方面而言，社会组织具有集体利益增益的功能。与利益逻辑相对应，该项功能主要由经济类社会组织表达和实现的，按照民政部的分类，主要指以行业协会为主体的商业服务类组织和以农村专业经济协会为主体的农业及农村发展类组织。它们旨在通过政商之间的游说疏通活动及其他公共服务的提供，维护并增进组织成员的合法权益。在中国的新社会组织中，此类组织获得了政府最大限度的鼓励和支持。

当然除了经济职能以外，它们也承担了相应的社会职能，如今假冒伪劣产品充斥于市场，这些经济类社会组织通过行业自律等自我管理和约束机制来对"市场失灵"进行调节。目前国内外对行业协会功能的研究，主要围绕

---

① 冯同庆、石秀印：《工会基层直接选举调查及其思考》，《工会理论研究》2005年第4期。

社会整合、经济成本与经济发展展开。研究者认为行业协会是适应充满竞争力量的环境做出的积极反应。它具有市场支持和市场补充两大贡献,提供了一种信任逻辑,使商业扩张更具有效性,能满足商人在利益上的既定需要。①相应地,在中国广大的农村地区,该功能则主要是由农村专业经济协会来承担的,除了实现农民增收和提升农产品竞争力的目的以外,也发挥农村社区整合的功能。在民政部门登记注册的社会组织中经济类组织约占16%。

(2) 社会服务与慈善的功能

与慈善福利的逻辑相对应,社会组织的社会服务与慈善的功能主要是对政府福利保障提供的拾遗补阙。目前国家正极力倡导和鼓励社会组织在该领域发挥其作用。在民政部门登记注册的社会组织中社会服务类组织占13.46%,在我们的样本中此类组织的数量也是最多的,占到样本总量的39.0%(见表7)。

表7 社会组织的工作领域

单位:家,%

工作领域	数量	有效百分比
法律维权与劳工服务	23	8.9
社会服务	101	39.0
环境与动物保护	40	15.4
教育与文化	44	17.0
社区发展	24	9.3
农村发展	9	3.5
卫生医疗	5	1.9
商业发展	2	0.8
NGO支持组织	9	3.5
科学研究	2	0.8
总计	259	100

注:总量:263,缺失:4,有效数量:259。
数据来源:香港中文大学CSIS社会组织数据库,2012年。

---

① 邱海雄、陈健民主编《行业组织与社会资本》,商务印书馆,2008,第2~3页。

（3）促进社会事业发展

在民政部门注册的社会组织中，社会事业类组织占有较大比重，统计显示此类组织占 46.52%，它们广泛地分布于科、教、文、卫、体等社会事业的各个领域，其中特别值得关注的是民办教育与医疗事业的发展。2007 年全国各类民办学校达到 9.52 万所，民办培训机构 2.23 万所。2006 年营利性医院达到 4000 家左右，占全国医院总数的 20.3%。[1] 作为社会事业主体的民非，其经济活动规模占 GDP 规模的 0.33%，就业人口占所有非农就业人口的 0.41%。[2] 以上数据显示，促进社会事业的发展已经成为新社会组织的主要职能之一，它们在推动政府职能转变、提供公共服务等方面承担了重要的社会功能。

（4）监督政府的功能

社会组织的监督政府的功能是与理性维权的逻辑相对应的。伴随着经济的飞速发展，官员腐败、官民矛盾与劳资矛盾等问题也日益凸显，并引起社会公众的关注。因此，越来越多的民间自发的社会组织开始做出积极的回应，通过维权活动和价值倡导践行保护公民权益的使命。

那些将自身的工作领域锁定在法律维权与劳工服务、环境与动物保护的组织均在一定程度上呈现这一功能，这些组织占样本总量的 24.3%。而这一比例在珠三角地区更高，据不完全统计，在该地区大约有 30 家农民工民间组织，且大部分集中在深圳。它们广泛活跃于劳工维权、工伤探访、女性关怀、文化建设等领域，依靠国际资助、志愿者支持以及媒体关注等因素而生存。[3] 值得注意的是，此类组织多为商业注册或未注册状态。在民政部门登记注册的法律类组织仅占 1% 不到的比重。

---

[1] 国务院发展研究中心社会发展研究部课题组：《社会组织建设》，中国发展出版社，2011，第 39 页。

[2] 国务院发展研究中心社会发展研究部课题组：《社会组织建设》，中国发展出版社，2011，第 47 页。

[3] 郑广怀、朱健刚主编《公共生活评论》，中国社会科学出版社，2011，第 143~157 页。

(5) 推动社会制度变革与价值倡导的功能

从文化方面而言，社会组织具有推动社会制度变革与价值倡导的功能，可以说那些主要从事教育和文化事业、学术研究以及培训的社会组织，通过学术与文化交流，在促进专业发展的同时，直接或间接地推动着社会制度的改良和变革，并倡导进步与发展的文化价值观念。在民政部门登记注册的组织中此类组织约占7%。

3. 主体地位：社会组织在社会建设中的定位

从以上对当代中国社会组织在社会建设进程中的功能分析，我们可以清楚地看到数量庞大且不断增加的社会组织已经成为社会建设的重要力量。社会组织作为现代公民美德的培育者、政府善治的推手，以及社会安全阀机制的载体，在社会建设中显示了其主体性地位。

(1) 培育现代公民精神

社会组织通过其开展的项目和活动促进了社会资本的产生，培育了现代社会的公民美德和参与精神，倡导了社会公正的理念。

首先，从笔者所采访的一些机构可以发现，它们通过4~5年扎根于基层社区的工作与政府、企业、学术机构以及其他公益组织建立起非常密切的合作关系网络，这种互信的产生和合作关系的建立是基于对该公益组织的目标和使命的认同，这也标志着社会资本的形成，而这种社会资本又成为此类组织进一步获得和整合人力与资金资源的基础。

其次，公益组织中的很多项目都需要大量志愿者参与。这些项目设计背后的理念就是希望借此培育现代社会的公民美德和参与精神。我们的调查显示，在过去一年中，志愿者为组织提供服务的时间均值达到9612.04小时。因此对于许多社会组织，尤其是草根组织而言，志愿者成为组织日常运作和项目开展的主要力量。

最后，改革开放以来，在经济效率提升和GDP高速增长的同时，社会公正往往被忽视，比如户籍制度的存在，使农民工始终无法享受与户籍居民同等的待遇；又比如城乡二元体制的存在，使教育与医疗等公共服务的均等化之路步履维艰。如果说政府是通过一系列社会政策，学者是通过著书立说来推动社会向更加公正的方向发展的话，那么社会组织则是以活动和项目动员公民参与到促进社会公平公正的实践中。

（2）政府善治的推手

作为政府善治的推手，主要体现在两个方面。一方面，社会组织是对政府公共服务职能的拾遗补阙。无论是农民工生存技能培训及其子女的关怀、社区心理咨询与生态环保志愿服务，还是西部地区综合教育水平的提升，这些服务项目都在一定程度上促进了国家相关政策的出台，如缩小城乡差距继而实现城乡一体化政策、环境保护与可持续发展政策、教育均等化政策等。同时，多数社会组织往往利用其身处大中型城市的地理优势，将其服务范围延伸至中国经济发展相对较落后的地区，或是希望将在社区服务中探索出的经验推广到全国其他地区。

另一方面，社会组织是政府与民众，尤其是社会底层民众之间对话沟通的桥梁。改革开放以来，我国在经济上取得巨大成就的同时，也产生了社会阶层分化，下岗失业人员与农民工构成了一个城市社会的底层；城乡二元结构与户籍制度使农业劳动者尤其是中西部地区的农业劳动者成了整个中国社会分层结构中的中下层与底层。[1] 而一些社会组织正是以这些处于社会底层的民众为服务对象，将政府的相关政策传递给他们，也将他们的声音传递给政府，从而缓解社会矛盾促进社会和谐。

（3）现代社会的"安全阀"

现代社会既是一个分工明细、合作互助的系统，也是一个充满竞争和冲突的系统。当前的中国正从一个传统的农耕社会向现代的工业社会转型，在此过程中，官员腐败、社会不公等社会问题滋生，个体心理的不适、动荡和不安加剧，社会系统的紧张状态也随之加强。而各类社会组织正起到缓解这种社会紧张状态的"安全阀"和个体心理焦虑的"减压器"的作用。

由此，我们可以发现在现代社会中，不同旨趣与地位的个人可以通过参加各类社会组织的活动，增进人与人之间的信任，促进互助机制的建立，实

---

[1] 陆学艺主编《当代中国社会阶层研究报告》，社会科学文献出版社，2002，第9页。

现社会的自我管理和自我服务。在表达各自的利益诉求和价值关怀,并通过实际的行动来改善现状的同时,心理的焦虑与紧张状态得到了释放,并在沟通和对话中获得认同感、满足感和归属感。

通常我们容易将冲突简单理解为仅具有破坏功能,尤其是在强调和谐社会的当下中国,然而我们还需要看到它蕴含的建设性功能——"安全阀"功能。我们可以发现由于对冲突的建设性功能认识不足,整个中国社会系统缺少一种排泄矛盾和对立情绪的制度即"安全阀"机制,而这种机制的缺失就使得当代中国社会的主要矛盾,如劳资矛盾等直接以一种群体性事件(即暴力冲突)的形式呈现出来,而无法将发生冲突事件之前的不满或对立情绪为"安全阀"机制所吸纳(见图1)。因此,作为社会"安全阀"的社会组织在社会转型中就像一个巨型的海绵一样稀释了个体的焦躁不安,缓解了群体间的紧张与冲突。在当今中国急速展开的工业化、城市化与现代化过程中,社会组织通过化解社会矛盾推动了社会整合。这也就解释了何以社会组织建设在当代中国社会建设中具有主体性地位。

民众/劳方 → 敌对情绪 → 社会冲突(群体性事件)→ 官员/资方
                ↓
         安全阀机制:社会组织

图1 "安全阀"机制作用过程

社会组织在40多年间的迅速发展,既是政府自上而下推动催生的结果,也是中国公民对自身的经济利益和文化价值诉求追寻的结果。我们可以将如今的社会组织比作20世纪80年代的民营经济,虽然还处于一个草根的初创阶段,然而已经展现出了当下中国民间所蕴藏的自力更生、协同向上的生命力。

三 当代中国社会组织的发展困境

尽管在近几十年的时间里,中国社会组织已经有了飞速发展,尤其是其中经济服务、公共服务与慈善公益类组织得到了政府积极的支持,然而社会组织相对于政治组织、经济组织而言还处于弱势地位,作为一个整体依然面临较为相似的发展瓶颈和问题。

(一)政府主办的社会组织面临的困境

对于政府主办的社会组织而言,行政化倾向严重,社会服务功能发挥不充分是其面临的最普遍的问题。具体而言,此类组织由于其组织方式和人员管理与政府机构类似,存在的问题也与政府机构类似,包括腐败滋生、内部激励机制缺乏、收入分配不规范、难以适应新的经济社会环境等。因此,如何顺利实现职能转型是此类组织谋取长远发展的关键。

(二)新社会组织面临的困境

对于新社会组织而言,可以将其所面临的困境主要概况为以下几方面。

1. 合法性困境

新社会组织面对的最大困境就是合法性的问题。非营利性是社会组织的关键特征,非营利法人是很多国家非营利组织的主要存在形式。但是我国的《民法通则》中没有非营利法人一类,这一基本架构的缺陷阻碍了非营利组织相关法律的出台。这就使得社会组织享有什么权利、享受什么优惠政策、应该承担什么义务等基本问题都比较模糊。[1] 结果就使得社会组织的合法性长期以来受到政府和社会公众的质疑,其从业人员也无法在整个社会评价体系中获得相应的位置和社会认可。

2. 资金困境

来自政府、企业和国际基金的资助均很缺乏,资金严重不足。表8显示,感到有资金困境的组织占样本总量的76.4%,在组织所面临的各项困境中位列榜首。政府采购虽已逐步开始惠及公益慈善组织,但真正能获得政

---

[1] 国务院发展研究中心社会发展研究部课题组:《社会组织建设》,中国发展出版社,2011,第12页。

府采购的组织数量并不多，而且资金额度小，我们的调查显示只有占样本总量20%的社会组织接受过来自政府的资助，资助额占组织总收入的比重均值为20.3%。企业捐款的减免税规定不明确，只有一部分社团和基金会获得捐赠税前扣除资格，所有的"民非"都不享有此资格。以北京市为例，在北京市民政部门登记注册的社会组织中享有该资格的社团为2家，基金会为80家，仅占北京市公益性社会组织的1/4。非公募基金会的设立和运作时间较短尚不成熟且依然面临多方面的限制。与中国港台和海外的基金会相比较，一方面我国政府对其缺乏信任；另一方面随着中国综合国力的提升，这些基金会也开始逐渐将项目撤出中国。依照发达国家和中国港台地区的经验来看，公益组织的资金主要来自政府购买和公募，还有一部分来自企业和个人的捐赠，由此可见我国此类组织的资金匮乏与政策的制约息息相关。

表8 社会组织面临的困难

单位：家，%

组织目前面临的各项困难		数量	有效百分比
资金问题		201	76.4
人才问题		145	55.1
政策问题		92	35.0
社会认可度欠缺		22	8.4
办公场所不固定或场地问题		20	7.6
服务对象的问题		14	5.3
环境问题	总计	12	4.6
	中国大环境问题	9	3.4
	地方环境问题	3	1.4
各类资源欠缺	总计	17	6.5
	专业资源欠缺	7	2.7
	硬件设施欠缺	8	3.0
	信息资源欠缺	2	0.8

续表

组织目前面临的各项困难		数量	有效百分比
	总计	92	34.9
	内部管理问题	29	11.0
	组织发展模式问题	24	9.1
组织内部问题	经验不足	9	3.4
	领导者的问题	6	2.3
	时间问题	4	1.5
	工作专业性欠缺	20	7.6
理论欠缺		2	0.8
运输问题		1	0.4
研究成果无法投入实施		2	0.8
信息交流		8	3.0
安全问题		3	1.1

数据来源：香港中文大学 CSIS 社会组织数据库，2012 年。

3. 人才困境

人才困境是社会组织发展的第二大困境，占样本总量的 55.1%。笔者在调查中也深切地感受到了这一点，许多社会组织的员工流动性很大，许多机构的负责人都感叹找不到人、留不住人。在笔者看来，其实资金问题是导致人才困境的最主要的原因，除了部分非公募基金会和政府主办的社会组织以外，绝大多数新社会组织，尤其是草根组织员工的工资待遇与事业单位和政府部门比要低很多，各项福利保障待遇也不健全，办公条件比较差，有的甚至可以说十分艰苦。同时，由于合法性的问题，职业发展前景不明，对优秀人才吸引力不强，从而影响组织的整体人员素质和能力。

4. 政策困境

除了资金和人才困境以外，政策困境是阻碍社会组织发展的又一阻力，占样本总量的 35.0%。制度环境的不健全当然是导致政策困境最主要的原因，而在各项政策困境中，笔者认为首要的就是注册困境。我们的调查显示在民政部门登记注册的组织仅占样本总量的 29.5%（见表 9）。其主要原因有以下三点。

表 9　社会组织的注册性质

单位：家，%

注册性质	数量	有效百分比
尚未注册	70	26.8
社会团体	31	11.9
民办非企业单位	46	17.6
商业机构	74	28.4
在港/澳/台注册（此数据中组织均在香港注册）	5	1.9
挂靠在别的机构下	34	13.0
其他	1	0.4
总数	261	100

数据来源：香港中文大学 CSIS 社会组织数据库，2012 年。

首先，登记注册的资金门槛高。1988 年颁布的《基金会管理办法》规定建立基金会必须有 10 万元的注册基金。而 2004 颁布的《基金会管理条例》规定全国性公募基金会的原始基金不低于 800 万元，地方性公募基金会的原始基金不低于 400 万元，非公募基金会的原始基金不低于 200 万元，原始基金必须为到账货币资金。

其次，双重管理制度的限制。找"婆家"（业务主管单位）的要求，提高了准入成本，导致大量新社会组织不愿或无法注册登记，另外在"婆家"拒绝履行审查许可职责时，社会组织缺乏权利救济手段。因此，有些社会组织由于担心业务主管单位的随时变更，而宁愿选择工商注册或仅在社区备案。

最后，地域性的限制政策。在同一行政区域内已有业务范围相同或者相似的社会团体和民办非企业单位，没有必要成立的将不予批准筹备或登记，以及禁止设立分支机构或代表机构的政策性规定,人为地赋予某些社会团体或民办非企业单位以垄断地位和特权,这样使其他同类组织无法注册,从而社会组织就无法在一个开放的环境中公平竞争。而如今的社区发展正呼唤大量的社会团体和"民非",于是在制度设计与社会需求之间产生了一定的张力。

社会组织在发展方面产生上述困境的关键因素是:一方面国家针对新社会组织应该采取先规范后发展还是规范与发展同步推进这两种不同战略选择尚未达成共识;另一方面也来自政治层面的担心,害怕它们会发展成为体制外的力量挑战党和政府的权威。这也是我国政府在建构社会组织发展的制度环境时采取监管控制与培育发展并重方针和选择性支持与选择性限制并举的重要原因。其结果就导致许多新社会组织只能以工商身份注册,甚而在尚未注册的情况下开展项目活动。

随着市场经济的发展以及政治与社会的变革,社会组织的发展是大势所趋,因此政府应该如何对待此类组织、与之形成何种关系、制定何种相应的法律法规,成为社会建设领域愈来愈迫切的问题。

5. 组织内部能力建设问题

新社会组织除了面对由外部环境而引起的各种困境以外,其自身在组织能力建设上也面临诸多挑战。如今已有越来越多的组织清晰地认识到了这一点,我们的调查显示约35%的社会组织认为组织内部存在问题,其中内部管理、组织发展模式和工作专业性欠缺问题又是其中最核心的问题。

如前文所述,首先,现今社会组织发展的阶段相当于20世纪80年代民营企业所处的阶段,组织的发展在很大程度上取决于组织领导者的德行、意志、能力和胆识,而兼具这些才能的领导者在整个社会组织领域可谓屈指可数。一方面是因为这样的领袖本身是可遇不可求的,另一方面也是因为受到上述外部困境的制约。其次,由于我们的整个教育中,无论是家庭还是学校均缺少公民教育,因此人们在理念上没有公民意识,从而组织在建设和成长的过程中,需要先对团队的成员进行公民理念的培育。再次,社会组织的管理不同于企业和政府,参与式的民主治理模式在中国尚在发展阶段,因此一切都还在习得的过程中。最后，许多社会组织如今都是项目导向，这也就意味着组织的生存完全依赖于项目，因此组织的员工时常面临巨大的压力，而无法专注于业务的精专和能力的提升。

　　此外，组织治理结构的不完整以及自身诚信透明和自律机制的缺乏，使其难以整合和动员各种社会资源，从而限制组织长远的发展。我们的调查显示有41.1%的组织没有理事会，77.7%的组织没有监事会。此外，有32.8%的社会组织从未接受过第三方的财务审计（见表10）；在接受审计的组织中，对其进行审计的机构也是多种多样（见表11）。由此可见，新社会组织治理架构和财务规范制度的不成熟，严重损害了它们的社会信用度。

表10　社会组织接受财务审计的比例

单位：家，%

组织是否接受来自第三方的财务审计	数量	有效百分比
接受	172	67.2
不接受	84	32.8
总数	256	100

数据来源：香港中文大学CSIS社会组织数据库，2012年。

表11　社会组织接受审计的机构

单位：家，%

审计的组织	数量	有效百分比
会计师事务所	43	24.9
审计公司	43	24.9
项目方或资助方	33	19.1
政府部门	17	9.8
NGO	21	12.1
财务公司	4	2.3
律师事务所	1	0.6
内部审计	2	1.2
其他	9	5.2

数据来源：香港中文大学CSIS社会组织数据库，2012年。

四 促进中国社会组织发展的思考

当前，社会组织建设的重要性日益凸显。党的十七届二中全会提出"更好地发挥公民和社会组织在社会公共事务管理中的作用，更加有效地提供公共产品"。鼓励社会力量兴办公益事业成为社会组织建设的重要方向。党的十八大又进一步提出要在改善民生和创新社会管理中加强社会建设，"强化人民团体在社会管理中和服务中的职责，引导社会组织健康有序发展，充分发挥群众参与社会管理的基础作用"。

应该说政府和社会组织都肩负着一项共同的使命——改善社会福利、促进社会发展以及推动实现社会和谐。这两者在实现目标的过程中，都有各自的强项和弱项，社会组织的强项在于它不仅提供服务，更重要的是培养一种公民美德，以及社会自我组织和管理的能力。这是现代社会的重要特征之一，也是走向现代化的必经之路。

在改革开放的过程中，社会建设始终滞后于经济建设，仅以社会组织建设这一项指标来看就十分明显。民政部统计数据显示，在第三产业2007年产生的附加值中，社会组织所占比重可谓微不足道，只有0.3%。而且，社会组织尽管也能提供就业机会，能为日益增多的求职大学生特别是社工专业的毕业生提供就业岗位，但它对服务行业就业率的贡献也只有0.3%——大约是世界平均水平的1/30。与这些数字相呼应的情况是，近来社会捐款数量虽然在增加，但我国社会组织的资金规模只占到国内生产总值的0.35%，相比之下，美国非营利组织的资金规模占GDP的比重高达2%。[1] 如何发展和壮大社会组织，发挥社会组织在社会建设中的主体地位和作用，是社会建设的一项重要内容。

---

[1] 曹飞廉：《北京市公益性社会组织案例分析》，载陆学艺等主编《2010年北京社会建设分析报告》，社会科学文献出版社，2010，第199~200页。

（一）社会组织发展的国际经验

在西方国家中，非营利组织均在社会福利与服务提供中扮演重要的角色。这一角色的重要性产生于现代西方"福利国家"的危机。通过提高生活标准，它培养了人们对其能够提供的基本服务水平日益增多的期望和越来越多的不满。20世纪70年代末和80年代初，一批保守党领导人在选举中获胜，新公共管理运动兴起，大批西方国家开展削减成本的项目。随着公共财政受到限制，非营利组织作为国家提供服务的潜在替代者而大量出现。

1981年，密特朗的社会主义政府设立了一个特别的社会经济跨部门委员会，该委员会专门用来管理和支持非营利组织的发展，并在1984年被上升到部级地位。英国撒切尔政府大力发展志愿部门和"积极的公民权利"。欧洲委员会成立了一个特别理事会——DGXXIII，来处理志愿部门的事务，并起草了法律草案对在欧洲层次的非营利组织进行治理。在整个欧洲，非营利部门已经成为一支重要力量。1989年和1990年，形成了一些新的组织，以代表欧洲地区的志愿部门——对基金会来说，有欧洲基金中心；对协会来说，有CEDAG；对于更宽泛的志愿部门来说，有ECAS。

得益于信息技术的革命以及全球范围内中产阶级的增加，在过去20年中，非营利组织得到了迅猛的发展。在亚非拉的发展中国家与地区中，人们也在组建协会、基金会和其他相似的机构来提供公共服务、促进发展、防止环境恶化、保护公民权利，以及实现许多其他的目标。[①]

（二）政府主办社会组织的改革建议

从具体的政策层面而言，笔者认为对于政府主办的社会组织，目前主要的任务包括：改进运行机制，克服行政化倾向；改进工作内容，转变工作方式，把工作重心放到基层；面向群众，积极探索并建立区别于党政机关、符

---

① 〔美〕莱斯特·M.萨拉蒙：《公共服务中的伙伴——现代福利国家中政府与非营利组织的关系》，田凯译，商务印书馆，2008，第256~284页。

合组织特点的运行机制；建立起适应社会主义市场经济要求的组织架构和运行机制。

人民团体应成为枢纽型社会组织，主动加强与新成长社会组织的联系，构建网络型社团。例如工商联适应私营经济迅速发展的形势，深入基层和各行各业，组织体系迅速壮大。工商联同时采用"民间商会"的名称，弱化其统一战线组织的性质，强化其民间角色和经济角色，已经成为私营企业主的利益代表，发挥了十分积极的作用；全国妇联长期以来关注横向组织网络的发展，在有些地区，妇联参与推动妇女研究社团、妇女联谊会等妇女社团的发展，构建了网络化的妇联团体会员体系，比较成功地实现了转型。

其他人民团体，如"全总"等应借鉴这些做法，实现自我转型。例如"全总"在面对那些自发成立的工会、工人维权组织时，不要将其视为洪水猛兽，可主动加强联系，将其吸纳为联系组织或团体会员。①

（三）新社会组织发展的建议

对于新社会组织的发展而言，笔者提出以下几点建议。

1. 加大政府购买社会组织服务的力度

从我国新社会组织的整体处境来看，资金的匮乏可谓是其生存发展最大的障碍。我们的调查显示，新社会组织，尤其是草根组织的收入主要来自民间捐赠；其次来自销售及服务收入；最后才是来自政府采购的收入，仅占组织总收入的20.3%，并且获得政府采购的机构仅占样本总量的20.5%（见表12）。而相应的，德国非营利组织收入的64%来自政府，法国非营利组织收入的58%来自政府，英国和日本非营利组织收入的45%来自政府，即便从全球34国社会组织收入来源情况来看，来自政府的收入也占到34%。由此可见，政府对我国的新社会组织尤其是草根组织的扶持力度与欧美发达国家和其他发展中国家相比显然是弱太多了。由于我国新社会组织的收入过度

---

① 国务院发展研究中心社会发展研究部课题组：《社会组织建设》，中国发展出版社，2011，第21~23页。

依赖于民间慈善捐赠,因此其资金来源具有较高的不稳定性,这样不仅影响组织项目的可持续性,还会对组织生存造成严重威胁。

表 12 社会组织的收入来源

单位:%

收入来源	来自该途径的收入在非营利组织总收入中的比例均值	受到该来源支持的组织比例
政府	20.3	20.5
销售及服务收入	31.4	28.5
会费	17.4	11.0
民间捐赠		
基金会赠与	65.1	48.3
其他 NGO 赠与	38.2	29.7
直接个人捐赠	29.5	51.0
企业捐赠	23.2	33.5
其他	39.9	11.8

数据来源:香港中文大学 CSIS 社会组织数据库,2012 年。

基于上述分析,笔者认为加大政府购买社会组织服务的力度应成为推进社会组织建设的当务之急。其实党政机构已经看到了此方面的需求,2012年中央财政安排专项资金,支持社会组织参与社会服务,明确"中央财政支持社会组织参与社会服务项目"。希望通过财政支持,构建对社会组织引导型的政策体系,指导和调动社会组织在社会服务领域发挥积极作用。项目预算总资金达到了 2 亿元。从获得立项的组织性质来看,依然是以官办或有官方背景的社会组织为主,来自民间的草根组织比例很小。然而,正是这些由民间自发形成并扎根于社区的新社会组织成为社会整合不可或缺的力量,政府只有给予这些草根组织和政府主办的社会组织同样的甚至更大的政策与资金扶持力度,我国的社会组织才能朝着良性的方向发展运作。

政府在购买社会组织服务的过程中应该遵循以下原则:①遵循市场规律。政府购买社会组织服务需要遵循双方的契约关系,尊重双方的责权利。应避免用传统的行政命令,打破市场自主规律,否则会伤害到社会组织提供服务的积极性。②遵循项目规律。社会组织服务项目不能按照领导意志或项目实施者意愿来"设计"项目方案，而是应针对特定的社会问题和需求来制定可行的项目服务方案。③避免锦上添花的项目。政府购买服务首先应遵循公益性原则，将有限的资源满足最需要帮助的困难群体的服务需求。④避免只转移责任，不转移资源。⑤项目公开透明、公平公正。建立公开、透明、规范、有序的参与机制，建立公开透明且有第三方审评监督的招投标和项目评价制度，尤为重要。

目前，政府购买服务还处于一个基础建设阶段，该阶段的核心任务是培育"公益市场"，就是首先要培育出一大批能够承接政府购买服务的社会组织，建立起可持续的公平公正的购买与评价体系。对此，可以通过购买服务给予能力建设子项目资金支持，以及将社会组织自身能力是否通过购买服务项目的实施得到提升作为重要指标。社会组织既是政府购买服务的资源受益者，又是推动者、建设者。政府与社会组织应该秉承互谅互信、互帮互助的合作伙伴原则，携起手来，通过扎扎实实的实践示范、专业成效，来争取社会各方的认同和支持，共同开辟党委领导、政府负责、社会协同、公众参与的社会管理创新路径。①

2. 加强新社会组织的自身能力建设

政府在政策与资金上的支持当然是新社会组织发展的前提条件和重要保障，而加强自身的能力建设，则是促使公益界健康发展的另一项必备的条件。在能力建设领域，最为关键的是如何培育自我造血机制。我们的调查显示，销售及服务收入占到机构总收入的 31.4%，这个比例本身并不算低，然而与世界其他国家的平均水平 53% 相比就明显偏低了。而且受到该来源支持的组织占比仅为 28.5%，在美国这一比例达到 68.9%。这就说明我国新社会组织，尤其是草根组织的自我造血能力还是相对较弱的。

---

① 李涛：《社会组织在政府购买社会工作服务进程中的功能和角色——北京协作者参与政府购买社会工作服务经验总结与思考》，《社会与公益》2012 年第 8 期。

笔者认为政府和社会组织可以借鉴英国社会企业的模式,来推动社会组织的自我造血机制建设。截至 2006 年初,英国有 5.5 万家社会企业活跃在社会领域的方方面面。它们不但创造了 80 亿英镑的国内生产总值,而且吸纳了数十万被市场经济淘汰的劳动者,实现社会公平并消除社会排斥。

此外,能力建设的另一大领域就是组织的公信力和透明度。我们的调查显示新社会组织财务规范制度的不规范不成熟,严重损害了它的社会信用度。而公信力是此类组织的生存之本,若社会组织无法在这一原则性问题上坦诚面对公众的问责,那它必然无法在公益领域生存。

政府从财政和税收等方面加大力度扶持新社会组织发展的同时,也要加强对社会组织的评估和监督,建立公益问责和公共部门的社会问责制度。笔者认为可以引入科研院校和媒体作为评估和监督的主体。这样既能相对客观地了解项目实施的具体成效,又能监督公益组织在财务上保持公开与透明。

3. 建立和完善社会组织法律体系

我国现行有效的有关社会组织的法律法规主要有《中华人民共和国公益事业捐赠法》《民办教育促进法》《红十字会法》等法律,《社会团体登记管理条例》《民办非企业单位登记管理暂行条例》《基金会管理条例》《彩票管理条例》等行政法规,此外还有一些财政部、民政部、国家税务总局等制定的政府规章。从整体上看,现阶段我国还没有一部统一的社会组织领域的法律。这意味着我国有关社会组织的法律法规已滞后于社会组织发展的迫切需要。这就导致如前文所述的"合法性"危机成为社会组织发展的首要困境。

许多学者建议根据《宪法》保障人权和结社自由的宗旨和当前社会组织发展的现实情况,研究制定"社会组织促进法"或"社会组织法"之类的统一法律,为制定相关的管理法规和政策提供基本的法律依据。在实施步骤上,一方面可以在逐步修订完善具体政策法规的基础上,加大经济发达、社会组织相对成熟的地区地方性立法探索的力度;另一方面可以针对不同类别的非营利组织分别立法予以规范。以此为制定一部统一的民间组织管理基本法律创造条件。[1]

　　法律是社会组织健康发展的基础,也是当前社会组织建设最难突破的一个环节。虽然完善立法不是一朝一夕能够完成的,但必须有规划,坚持不懈地做好理论准备。

---

[1] 黄晓勇主编《中国民间组织报告(2008)》,社会科学文献出版社,2008,第49~53页。

北京市公益性社会组织案例分析[*]

一 概述

(一) 公益性社会组织的界定

本文的研究对象为北京市公益性社会组织。此类组织首先主要是站在社会的立场协调公民与国家和市场的关系,其次是面向社会公众提供志愿服务或有偿但不以营利为目的的公益性组织,最后其服务地域以北京地区为主。此类组织包括社团类中的慈善组织、环保组织、扶贫组织、维权组织,公募与非公募基金会以及从事社会服务与公益慈善的民办非企业单位(以下简称"民非")[①],除此以外,工会虽然目前仍然属于人民团体范畴,充当党和国家与工人阶级之间的桥梁和纽带,但在市场化过程中,它的职能转型正在成为一种特别强烈的时代要求。[②]

(二) 北京市公益性社会组织的概况

到 2009 年底,在北京市民政局登记注册的社会组织共 6768 家,其中社

---

[*] 本文原载于陆学艺等主编《2010 年北京社会建设分析报告》,社会科学文献出版社,2010。

[①] 2016 年 3 月,全国人大通过《中华人民共和国慈善法》,首次将民办非企业单位改称社会服务机构。2017 年 3 月,全国人大通过《中华人民共和国民法总则》,正式确立了社会服务机构法人地位。

[②] 陆学艺主编《当代中国社会结构》,社会科学文献出版社,2010,第 361~363 页。

团 3148 家，民非 3506 家，基金会 114 家（其中公募基金会 26 家，其余均为非公募基金会）；此外，在社区备案的社会组织有 11683 家。享有公益性捐赠税前扣除资格的社团 2 家，基金会 80 家，所有"民非"均不享有此种资格。北京市社团办基金会管理处人员告诉笔者，在这些社团和"民非"中从事公益性活动的不会超过 200 家，而所有的基金会从理论上来讲，都是具有公益性质的。由此笔者可以得出北京市公益性社会组织占所有社会组织的比重仅为 4.6%。这一比例对于像北京这样一个中国特大型城市而言显然是偏低了。

从北京市三类性质的社会组织的整体发展态势来看，发展最快的是非公募基金会，近几年均以 20% 的速度持续增长。就社会的需求而言，在未来"民非"会有一个较大的发展以承接从事业单位中转移出来的部分职能，此外那些扎根于社区、服务于社区的社会组织也会在政府购买服务的大环境中逐步增加。

公益性社会组织的发展所面临的共同挑战是：面对如今这个小政府、大社会的发展趋势，部分政府部门的思想观念不够解放，以及政策扶持的力度不够（这里主要指双重管理政策，税收政策和公共财政政策），从而导致政府职能转移没有到位。各种因素交互作用使社会组织在发展过程中面临诸多制度障碍。

为了深入了解北京市公益性社会组织的具体状况，笔者走访了一家公益性社团、两家公益性"民非"、两家北京市非公募基金会和两家全国性非公募基金会，并与机构负责人进行深度访谈。在下文中，笔者将在个案描述的基础上，对北京市公益性社会组织的现状、功能和困境展开分析。

二 个案描述

（一）北京市协作者文化传播中心

北京市协作者文化传播中心（以下简称"协作者"）成立于 2003 年，

是一家为流动人口提供志愿公益服务的机构。"协作者"的服务项目主要有以下几个方面。

能力建设。"协作者"成立"劳工家园",针对进城务工青年的需求,利用节假日为在京打工青年开展就业生活技能、文化教育、职业安全与健康、普法宣传等志愿服务活动,使打工青年在参与中提升自我服务与服务社会的综合能力。

探访服务。为丰富打工者业余精神文化生活,"协作者"组织打工青年组成文艺探访队,自编自演各类反映打工生活的文艺节目,将法律、健康、创业等知识融入文艺表演中,定期到工地、社区等场所开展文化演出活动,促进和谐社区建设。

心理辅导。针对打工青年城市生活中的困惑,"协作者"开展义务咨询辅导服务,涉及生命危机干预、劳动权益保护、心理辅导、就业政策、婚姻家庭等不同层面。

普法援助。组织专家志愿者开展义务普法宣传活动,向打工者普及容易被忽视的劳动政策法规、职业安全知识,提高流动人口维护自身合法权益做知法守法的新市民的法律意识;协助劳动部门、法律援助中心开展法律援助活动。

志愿者培训。"协作者"将城市青年志愿者与打工青年志愿者联合起来,尝试建立"法律""健康""文学""文艺"等社工互助小组,参与志愿服务活动,开展志愿者培训。

调查研究。"协作者"先后开展了"西部贫困地区农民科技信息技术调查""非典时期流动人口生存与需求调查""珠江三角洲—三峡库区流动人口职业安全与健康状况调查""京粤青三地流动人口基本生存与发展状况调查"等系列调查活动。"协作者"推出"协作者文库",通过系列出版活动,反映打工群体鲜活的生命体验,促进流动人口与城市居民间文化的沟通与融合。

专题研讨。会同国家安全生产监督管理总局政策法规司、《中国安全生产报》共同主办了"全国流动人口职业安全与健康权益保障研讨会";与

《经济日报》（农村版）合作，在京共同召开全国"流动人口社会公共政策改革与服务创新研讨会"。

公民教育。编排民众戏剧《一个民工的美丽期待》，举办《农民工流动在边缘》图片展。

"协作者"通过这些项目的开展身体力行倡导服务社会公益事业的志愿精神，推动中国城乡一体化发展，成为沟通政府与城市社区农民工群体的桥梁和纽带，促进中国和谐社会的建设。

（二）北京市惠泽人咨询服务中心

北京市惠泽人咨询服务中心（以下简称"惠泽人"）成立于2003年，2008年8月以民非身份注册成立了"北京市东城区惠泽心理健康服务中心"，主要致力于志愿服务能力建设。

"惠泽人"的服务项目主要包括以下几个方面。

西部志愿服务能力建设项目。该项目由"惠泽人"与英国海外志愿服务社（VSO）发起，在中国西部6个省份开展志愿服务活动实践，促进志愿者专业技能方面的发展。

社区志愿服务项目。主要包括社区青少年心理援助和社区心理健康服务。

友成扶贫志愿者管理项目。动员、资助和组织友成基金会扶贫志愿者在贫困地区直接参与各项扶贫工作的行动计划。这个行动计划，一方面，要为农村贫困地区的政府扶贫办及其他扶贫机构提供技术支持、能力建设等服务，为提高当地贫困人群的生存能力、发展能力创造条件和机会；另一方面，要为政府和民间公益组织实施的各种扶贫项目搭建沟通平台，对其所开展的扶贫项目提供服务与帮助，促进形成政府指导、民间公益机构组织实施、各类企业大力支持的工作格局，最终达到让全社会关注贫困、共同参与扶贫济困的目的。

赈灾能力建设项目。在世界银行的资助下，"惠泽人"发起成立了5·12赈灾志愿者E学习中心项目，通过网络教学远程支持奋战在灾区第一线的志愿者以及其他志愿者朋友们。

公民社会之声项目。该项目旨在通过案例研究、政策建议报告，为草根社会组织发展创造更好的社会和政策环境，提高民间组织与政府的沟通能力，提高民间组织在相关立法和政策制定过程中的参与度，宣传民间组织在应对社会发展问题中的积极贡献，并且增强民间组织与政府和公众的沟通能力。

社区生态志愿者项目。该项目是由北京万通公益基金会资助、"惠泽人"具体执行的生态社区综合试点项目。项目的总体目标是通过多方机构合作，对三个试点社区的生态及社区投入，提升试点社区居民参与程度及其能力建设水平，推动社区生态理念与技术的应用和社区环境的改善，促进人与自然的和谐关系，并实现生态可持续发展。

"惠泽人"通过为志愿者和志愿者组织提供培训、组织发展咨询和社会心理支持等服务，开发和研究中国志愿服务管理机制，倡导和传播志愿精神，以提高志愿服务对中国社会发展的贡献。通过推动志愿服务减少贫困和歧视，最终促进当地社区和弱势群体的发展。

（三）北京市西部阳光农村发展基金会

北京市西部阳光农村发展基金会（以下简称"西部阳光"）成立于2006年。而早在2002年"西部阳光"行动就开始启动了，其目标是致力于改善西部农村教育和促进社区发展。

基金会原秘书长梁晓燕认为，自实行"两免一补"政策以来，乡村教育最缺乏的不是物质资源而是教学质量的综合提升。因此，机构目前最主要的项目是农村学校教育质量提升综合项目。该项目的主要内容包括：和地方教育主管部门充分合作，帮助完善地方教育政策；各类校长、教师专业培训——为校长提供短期学校管理和发展规划的培训、为教师提供新课改后的教材通识及教学技能培训；组织教师参加专业技能大赛，开展本地优秀教师公开课巡讲等活动；对27所学校的教学硬件状况进行评估，资助文体活动设施；推动因地制宜的音体美课程，培训专业教师速成执教；为当地多所学校选取适合的图书并提供图书管理和体育设施使用的短期强化培训；招募并派驻志愿者参与当地社区文化建设，为当地社区发展提供支持。

机构的多数项目都是与该项目配套实施的，如农村教师针对性培训与支持、各类图书馆建设与读书推动、农村幼儿教育探索、贫困学生教师资助以及小型基础设施建设。这个综合性的项目在甘肃省宕昌县和成县两地实施。

"西部阳光"的其他一些项目还包括：①农村幼儿教育探索。在贫困的社区中，建立半公益的幼儿园。招募与培训当地中师毕业生担任教师，开发适合当地使用的教材及课程；并通过家长学校、村医服务等形式，把儿童学前教育和社区发展结合起来。②大学生志愿者假期支教。每年25支队伍，约300名大学生利用寒暑假参与西部支教活动。③长期志愿者支教。每年约25人，去西部贫困山区的学校义务支教一年。④西部农村教育论坛。主办农村教育布局调整政策研讨会、农村寄宿制学校发展研讨会，以及2009年教育类公益组织分享交流会等。

国家对西部农村教育的关注是前所未有的，采取费改税、两免一补、新课程等许多改革措施，使农村教育在很多方面得到了很大的改善。但是西部地区占国土面积的3/4，西部地区仍未完全实现"两基"目标。政策的制定大多数是自上而下的，一些政策不符合西部农村的实际情况，导致农村教育问题无法得到有效缓解。"西部阳光"所做的正是搭建一个平台，让一线的教育工作者与教育专家和政府官员进行交流和互动，为西部农村教育的发展建言献策，倾听农村的声音，关注西部农村教育的热点、难点和焦点。

三　个案分析

（一）北京市公益性社会组织的现状

1. 组织的合法性

从笔者此次访谈所获得的资料来分析，除了非公募基金会以外，许多公益性社会组织在成立之初均是以工商注册，开展4~5年活动后，在获得政府信任的基础上，逐渐转为"民非"注册，而以社团注册则几乎不可能。

即便如此，依然有许多组织由于找不到主管单位而长期以工商注册或社区备案的形式开展工作。

2.组织的架构

这些机构基本上均有完整的组织架构。全职员工人数多数在10人以内。与企事业单位和政府机构相比，科层化的特征较弱，因此机构文化相对民主，而且一人多职的现象也比较普遍。这些机构虽然都在北京市民政局或工商局注册，但其服务的区域并不局限于北京地区，而是遍布全国各地，有的机构的服务对象则以西部经济欠发达地区为主。

3.组织的资金来源与员工待遇

就这些组织的资金来源来看，除了非公募基金会的多数资金来自促成该基金会成立的企业外，其他机构的捐赠来源则以国际捐赠为主，例如"协作者"为75%，"惠泽人"为50%，其次来自企业和非公募基金会，而政府采购所占的比例比较小，基本上都在10%以内。

在这些接受采访的机构中，除了部分非公募基金会的秘书长及副秘书长的工资较高（8000~10000元）以外，从执行层到管理层员工工资基本上在2000~5000元，都有"四险一金"的福利待遇。机构基本上都会为员工提供各种培训的机会，这在很大程度上成为员工的一种激励机制。从访谈中发现，这些机构的负责人普遍认为自己及其员工的工资在同行中是中等或中等偏下的，他们认为目前的收入水平与他们的付出和对社会产生的效应相比偏低了些。

大多数公益性社会组织都有长期的志愿者为其开展无偿或低偿的工作。这些志愿者基本上都是一些在大学中就读的本科生或研究生，以及一些在企事业单位中从业不久的年轻人（或者我们通常所说的"白领"）。这些志愿者中很少有来自富裕阶层的，近些年逐渐开始出现一些边缘与弱势群体本着"自助助人"的理念成为志愿者。

（二）北京市公益性社会组织的功能

从自上而下的视角来看，北京市公益性社会组织与全国其他地区的公益性社会组织一样,其最核心的功能是对政府公共服务职能的拾遗补阙。无论是农民工生存技能培训及其子女的关怀、社区心理咨询与生态环保志愿服务,还是西部地区综合教育水平的提升,这些服务项目都在一定程度上促进了国家相关政策的出台,如缩小城乡差距继而实现城乡一体化政策、环境保护与可持续发展政策、教育均等化政策等。同时,这些组织利用其身处首都的地理优势,将其服务范围延伸至中国经济发展相对较落后的地区,或是希望将在北京社区服务中探索出的经验推广到全国其他城市(比如"协作者"已将其经验成功推广到南京和珠海)。在这一点上,北京的这些公益机构具有着眼全国的格局与使命,发挥了其他地区公益组织所不具备的功能。

此外,这些公益性社会组织还扮演着政府与民众,尤其是与社会底层民众之间对话沟通的桥梁角色。改革开放以来,中国在取得巨大经济成就的同时,也产生了社会阶层分化,下岗失业人员与农民工构成了一个城市社会的底层;城乡二元结构与户籍制度使农业劳动者尤其是中西部地区的农业劳动者成为整个中国社会分层架构中的中下层与底层。[1] 而这些公益性社会组织正是服务于转型过程中处于社会底层的民众,将政府的相关政策传递给他们,也将他们的声音传递给政府,成为社会的"安全阀",缓解社会矛盾促进和谐社会建设。

从自下而上的视角来看,这些公益性社会组织通过其开展的项目和活动促进了社会资本的产生,培育了现代社会的公民美德和参与精神,倡导了社会公正的理念。首先,从笔者所采访的这些机构可以发现,它们通过4～5年扎根于基层社区的工作,与政府、企业、学术机构以及其他公益组织建立起非常密切的合作关系网络,这种互信的产生和合作关系的建立是基于对该公益组织的目标和使命的认同,这也标志着社会资本的形成,而这种社会资本又成为此类组织进一步获得和整合人力与资金资源的基础。其次,从前文的个案描述中我们了解到在这些公益性社会组织中,通常都有大量需要志愿

---

[1] 陆学艺主编《当代中国社会阶层研究报告》,社会科学文献出版社,2002,第9页。

者参与的项目，这些项目设计背后的理念就是希望借此培育现代社会的公民美德和参与精神，而现代社会公民的美德无外乎于关爱、正义、参与、宽容这些品质，这些组织开展的各种活动正是在有意识地培育公民的这种品德。最后，改革开放的几十年中，由于国家注重的是经济效率的提升和 GDP 的快速稳定增长而相对忽视了社会的公正，比如由于户籍制度的存在，农民工始终无法享受与户籍居民同等的待遇，从而引发一系列社会问题；比如城乡二元体制的存在，使教育与医疗的均等化之路步履维艰。如果说政府是通过一系列社会政策，学者是通过著书立说来推动社会向更加公正的方向发展的话，那么这些公益性社会组织则是以活动和项目动员社会各阶层公民参与的形式倡导社会的平等与公正。

（三）北京市公益性社会组织面对的困境

目前，无论是北京还是其他省份的公益性社会组织面对的最大困境都是合法性的问题。由于我国尚未有一部"社会组织法"，公益性社会组织的注册困难重重，许多公益性社会组织由于无法找到主管单位只能在社区备案或是以工商注册。公益性社会组织的合法性长期以来就受到政府和社会公众的质疑。如今非公募基金会的迅速发展虽然在一定程度上缓解了这一困境，但社会组织及其从业人员依然无法在整个社会评价体系中找到相应的位置。

公益性社会组织除了面对外部制度层面的合法性困境以外，其自身在组织发展上也面临诸多挑战。首先，由于我们的整个教育系统中缺少公民教育，从而组织在建设和成长的过程中，需要先对团队的成员进行公民理念的培育；其次，社会组织的管理不同于企业和政府，参与式的民主治理模式还在逐渐习得的过程中；再次，许多公益组织如今都是项目导向，这也就意味着组织的生存完全依赖于项目，而无法专注于业务的精专和能力的提升；最后，现今公益组织所处的阶段相当于 20 世纪 80 年代私营企业所处的阶段，组织的发展在很大程度上取决于组织领导者的德行、意志、能力和胆识，而兼具这些才能的领导者在公益界依然屈指可数。

具体而言，公益性社会组织发展所面对的制度性障碍主要有以下几点。①

1. 注册困境

首先，登记注册的资金门槛提高。1988年颁布的《基金会管理办法》规定建立基金会必须有10万元的注册基金。而2004年颁布的《基金会管理条例》规定全国性公募基金会的原始基金不低于800万元，地方性公募基金会的原始基金不低于400万元；非公募基金会的原始基金不低于200万元，原始基金必须为到账货币资金。这就意味着许多公益性社会组织无法以基金会形式登记注册。

其次，找"婆家"（业务主管单位）的要求，提高了准入成本，导致大量公益组织无法在民政局注册登记，以北京协作者为例，从成立至今一直为工商注册，主要原因就是无法在北京找到"婆家"。另外，在"婆家"拒绝履行审查许可职责时，社会组织缺乏权利救济手段。因此，有些社会组织由于担心业务主管单位的随时变更，而宁愿选择工商注册或仅在社区备案。

最后，在同一行政区域内已有业务范围相同或者相似的社会团体和民办非企业单位，没有必要成立的将不予批准筹备或登记，以及禁止设立分支机构或代表机构的政策性规定，人为地赋予某些社会团体或民办非企业单位以垄断地位和特权，这样使其他同类组织无法注册，从而公益性社会组织就无法在一个开放的环境中公平竞争。而如今的社区发展正呼唤大量的公益性社会组织，于是在制度设计与社会需求之间产生了一定的张力。

2. 资金困境

来自国内（主要是政府与企业）和国际的资助均很缺乏且不稳定，资金严重不足。政府采购虽已逐步开始惠及公益性社会组织，但在北京市能获得政府采购项目的组织数量并不多，而且资金只包含服务本身并不覆盖执行项目的人员经费。企业捐款的减免税规定不明确，只有一部分社团和基金会

---

① 何增科：《公民社会与民主治理》，中央编译出版社，2007，第137~141页。

获得捐赠税前扣除资格，所有的民非都不享有此资格，在北京市登记注册的社会组织中享有该资格的社团为2家，基金会为80家，仅占北京市公益性社会组织的1/4。非公募基金会的设立和运作时间较短尚不成熟且依然面临多方面的限制。就境外资金而言，一方面我国政府对其缺乏信任，另一方面随着中国综合国力的提升，这些国际援助与资金也开始逐渐将项目撤出中国。依照发达国家和地区的经验来看，公益性社会组织的资金主要来自政府购买和公众筹募，还有一部分来自企业和个人的捐赠，由此可见我国此类组织的资金匮乏与政策的制约息息相关。

3. 人才困境

除了部分非公募基金会以外，大多数公益性社会组织的工资待遇与企事业单位和政府部门相比还是较低的，办公条件比较差，同时由于前文所述的合法性问题，职业发展前景不明，对优秀人才吸引力不强，从而影响公益组织的整体人员素质和能力。

随着市场经济的发展以及社会体制的改革创新，公益性社会组织的发展是大势所趋，因此政府应该如何对待此类组织，与之形成何种关系，党组织、政府组织和公益性社会组织的权责边界在哪里，应当制定何种相应的法律法规来促进其发展和规约其行为，成为社会建设领域愈来愈迫切的问题。

四 对北京市公益性社会组织发展的政策建议

改革开放以来，我国在经济领域取得了一系列举世瞩目的成绩。然而，民政部统计数据显示，在第三产业2007年产生的附加值中，社会组织所占比重可谓是微不足道，只有0.3%。非营利组织尽管也能提供就业机会，能为日益增多的求职大学生特别是社工专业的毕业生提供就业岗位，但它对服务行业就业率的贡献也只有0.3%——大约是世界平均水平的1/30。与这些数字相呼应的情况是，近来社会捐款数量虽然在增加，但我国社会组织的资金规模只占到国内生产总值的0.35%，相比之下，美国非营利组织的资金规模占

GDP 的比重高达 2%。

就税收政策而言，在我国的社会组织中只有 22% 符合全额免税的条件。这也就意味着绝大多数社会组织所要缴纳的税额与企业所得税的税率是一致的。另外，根据 2007 年颁布的《中华人民共和国企业所得税法》，企业发生的公益性捐赠支出，在年度利润总额 12% 以内的部分，准予在计算应纳所得税时扣除，这对公益性社会组织而言应该说是一个喜讯。然而，就在北京市民政局登记注册的社会组织而言，享有公益性捐赠税前扣除资格的社会组织为 82 家，仅占总数的 1.21%，若加上在社区备案的社会组织这个比例就更低了。

应该说政府和社会组织都肩负着一项共同的使命——改善社会福利、促进社会发展以及推动实现社会和谐。这两者在实现目标的过程中，都有各自的强项和弱项，所以两者在资源分配上若能寻找到一个平衡点，就能够显著优化效能。①

基于以上对公益性社会组织现状与功能的认识及其困境的分析，笔者认为政府如今最需要做的就是解决社会组织的合法性问题，只有社会组织在社会领域获得了相应的身份与地位，它们才能健康地生长发育。此外，有鉴于整个教育体系中公民教育的缺失，使得公益性社会组织很难获得社会公众的认知与认可，因此笔者建议将公民教育纳入整个国家的基础教育体系。

具体而言，笔者认为可以从以下几个方面寻找政策制度上的突破。

首先，积极探索社会组织管理体制的新模式。双重管理体制作为我国社会组织管理的核心制度，其指导精神和实际运作已经不能适应我国社会组织蓬勃发展的现实要求，也不符合当前我国积极扩大公民有序政治参与、大力建设服务型政府和构建社会主义和谐社会的新形势。从政府与社会组织之间建立合作伙伴关系的角度，顺应政府单一中心管理向多中心协同治理的转变

---

① http://www.chinadaily.com.cn/china/2009-12/30/content_9244132.htm, Erik Nilsson, "Let's Change Lens to See Nonprofits"，《中国日报》（英文版）2009 年 12 月 30 日。

趋势，改变目前正在实施的控制型社会组织监管体制。① 从采访中可以发现，如今许多公益性社会组织之所以无法在民政部门注册，而选择以工商登记注册，主要就是因为无法找到主管单位。因此，在笔者看来，应取消双重管理体制并降低公益性社团和民非的登记注册门槛。只有这样公益组织才能在公平的竞争中实现优胜劣汰。其实在这一方面部分省市已经开始进行改革试点。近期，深圳市就凭借其在社会组织领域的管理创新获得了第五届"中国地方政府创新奖"。②

2006年底，深圳市将行业协会服务署和市民政局民间组织管理办公室合并，组建市民间组织管理局。从此，深圳市实行行业协会由民政部门直接登记的管理体制，在全国最早也是最彻底地实现了行业协会民间化。2008年9月，深圳市加快改革步伐，出台《关于进一步发展和规范我市社会组织的意见》，规定对工商经济类、社会福利类、公益慈善类社会组织实行由民政部门直接登记管理的体制。在此基础上，配合行政管理体制和事业单位改革，加大政府职能转变力度，重新厘定和规范政府、市场、社会三者的关系，着力从发展规范、职能转移、财政扶持等方面，加强社会组织建设。笔者认为此举值得北京以及其他城市借鉴。

其次，我国社会组织法律体系亟待健全和完善，这已成为学界的普遍共识。许多学者建议根据《宪法》保障人权和结社自由的宗旨和当前社会民间组织发展的现实情况，研究制定"社会组织促进法"或"社会组织法"之类的统一法律，为制定相关的管理法规和政策提供基本的法律依据。在实施步骤上，可以在逐步修订完善具体政策法规的基础上，加大经济发达、社会组织相对成熟的地区地方性立法探索的力度，为制定一部统一的民间组织管理基本法律创造条件。③ 只有当社会组织获得了合法性地位，这一行业才能为社会公众普遍认可，从而为这一领域的从业者"正名"。

再次，新公共管理和新公共服务理念的传播，以及公共服务型政府

---

① 黄晓勇主编《中国民间组织报告（2008）》，社会科学文献出版社，2008，第49~53页。
② http：//www.chinainnovations.org/showNews.html？id=6DAA6123978C388C1A5493DD21A4073D.
③ 黄晓勇主编《中国民间组织报告（2008）》，社会科学文献出版社，2008，第49~53页。

的建设目标，使公共服务类社会组织面临广阔的发展空间。深圳、上海等经济发达地区，在借鉴国外成功经验的基础上，在社区社会工作服务、公益服务和居家养老服务等领域，逐步开展用政府公共资金采购公共服务的探索尝试，并且取得了良好的效果。以深圳为例，2008年全市社工机构共获得市、区两级政府购买社工服务的经费达到5000多万元，社工岗位从最初的33个增加到734个，服务领域从民政扩展到教育、司法等十多个方面；各社区老年人组织通过"老有所乐"和"居家养老"项目获得的资助达8966.4万元。2006年至今，共有17000名老人享受到"居家养老"社会组织的服务。① 这种向公益组织购买公共服务的新型实践，已经在全国范围内得到了响应和尝试推广，也极大地解决了部分社会组织的资金来源问题。② 我们知道在西方许多发达国家社会服务组织的资金主要来自政府，这可以使公益性社会组织获得资金保障，组织的领导者能将更多的精力投入组织人才的招聘与培养上，从而有助于同时突破人才与资金困境。

最后，政府与民间组织建立合作伙伴关系，政府从财政和税收等方面加大力度扶持民间组织发展的同时，也要加强对民间组织的评估和监督，建立公益问责和公共部门的社会问责制度。③ 在这一点上笔者认为可以引入科研院校和媒体作为评估和监督的主体。这样既能相对客观地了解项目实施的具体成效，又能监督公益组织在财务上保持公开与透明。

从2008年社会组织的数量变化来看，农村专业经济协会、基层社区社会组织以及非公募基金会得到快速发展，其中的原因一方面是得到了专项的政策支持和专门扶助；④ 另一方面也显示出社会与公众有此需求，无论是农村社区、城市社区还是商业机构都有组织起来解决自身所面临和思考的经济与社会问题的意愿、能力与勇气。由此可见，社会组织的形成与发

---

① http://www.chinainnovations.org/showNews.html?id=6DAA6123978C388C1A5493DD21A4073D.
② 黄晓勇主编《中国民间组织报告（2008）》，社会科学文献出版社，2008，第49~53页。
③ 黄晓勇主编《中国民间组织报告（2008）》，社会科学文献出版社，2008，第49~53页。
④ 黄晓勇主编《中国民间组织报告（2009~2010）》，社会科学文献出版社，2009，第10页。

展是一个国家经济与社会发展到一定水平的自然产物，政府的相关决策部门，如民政部/局、财政部/局和税务总局/局等，只有正视和顺应这一客观发展规律为北京市社会组织尤其是公益性社会组织营造一个健康的政策与制度环境，此类组织才能在一个良性秩序中公平竞争、稳步发展，在中国从农业社会向工业社会、从传统社会向现代社会的大转型中，培育国民的现代公民品格，扮演好转型时期的"安全阀"和"减压器"的角色。

北京延庆农民专业合作社
发展状况调查与分析[*]

延庆下辖15个乡镇、376个行政村、443个自然村，延庆城区有3个街道办事处。截至2009年末，延庆28.08万人口中农业人口有16.63万，占59.2%。农业产值占地区总产值的13.6%，因此延庆基本上还属于农业县。在这样一个农业大县中，其农民专业合作社的发展如何？在本报告中，笔者将根据与延庆有关管理部门以及部分农民专业合作社的访谈与考察，对三年来延庆合作社的发展状况与问题进行阐述、分析，并提出一些建议与思考。本报告中所涉及的所有关于延庆农民专业合作社发展的数据，除特别说明的以外，均出自2010年3~7月笔者在延庆调研时由县农委提供的相关内部资料，以及与县农委、农村合作经济经营管理站、绿菜园蔬菜专业合作社、延仲养鸭专业合作社等机构和合作社组织的调研记录。笔者相信延庆的经验在我国发达地区农民专业合作社的发展中是具有一定普遍意义的，并将对各地蓬勃建设中的农民专业合作社产生一定的借鉴价值。

一 延庆农民专业合作社发展状况

（一）组织机构不断健全

自2007年《中华人民共和国农民专业合作社法》（以下简称《农民

---

[*] 本文原载于《延庆调查：县域社会建设考察报告》，社会科学文献出版社，2018。

专业合作社法》）实施后，延庆就成为北京市级农民专业合作组织规范化管理试点单位。县里成立了由县委副书记任组长，县委常委、组织部部长、主管农业副县长任副组长，13个相关部门领导为成员的农民专业合作组织领导小组。领导小组下设办公室，办公室主要负责农民专业合作组织规范化管理、经营发展、组织培训、项目申报、政策落实、调查统计等工作，各乡镇切实把发展农民专业合作组织作为增加农民收入的重要工作平台。村委会把农民专业合作组织与新农村建设结合起来，从而在全县上下形成了强大的推进合力，有效地促进了农民专业合作组织的发展。

为了加大政府对农民专业合作社的扶持、引导和服务力度，把农民专业合作社依法规范化、管理好和发展好，找到政府服务于农民的切入点，切实做到带动农民增收致富，延庆县政府于2009年9月成立了"延庆县农民专业合作社服务中心"。该服务中心隶属于县农村合作经济经营管理站（以下简称"农经站"），由三个职能科室组成。主要职责是：负责研究拟定农民专业合作社发展规划；指导农民专业合作社组建和规范化管理；落实农民专业合作社扶持、奖励政策；搭建农民专业合作社网络服务平台，提供科技、生产、产品营销、宣传等信息服务。在农民专业合作社服务中心的扶持、指导、服务下，2009年全县共有农民专业合作社416家，成员入社总数18875户，占全县第一产业就业人数的71%，实现销售总收入2.4亿元，盈余4510万元。

（二）制度保障不断完善

2008年初，中共延庆县委、延庆县政府和县委组织部、中共延庆县委农村工作委员会、农经站等相关部门先后出台了《关于加快农民专业合作组织的实施意见》《关于扶持农民专业合作组织的实施细则》《关于加强农民专业合作组织制度化建设的通知》《农民专业合作组织规范化管理试点方案》四个政策性文件。文件的出台，明确了全县农民专业合作组织发展的总的指导思想、工作方向；制定了规范化管理农民专业合作组织的各项规章制度；出台了县内扶持、鼓励农民专业合作组织发展的财政政策，加大了全县开展此项工作的力度。

（三）试点先行，实务跟进

为了贯彻县内"以典型带动规范，以规范促进发展"的工作方针，北京市和延庆县共同决定选取市、县两级农民专业合作社规范化管理试点26个，进行精心培育、重点帮扶、依法指导，以此树立典型，带动全县农民专业合作组织工作的开展。

县里举办了6期培训班，对农民专业合作组织负责人、村支部书记、村委会主任、村民代表等1000余人进行培训，培训内容不但涉及《农民专业合作社法》，而且包含县里出台的文件精神以及怎样组建农民专业合作社等可操作性强的知识，使广大干部群众既提高了对合作社的认知水平，增强了入社的积极性，又掌握了规范化操作的基本技能。

（四）农民专业合作社行业分类

在这些农民专业合作社中，按行业划分：种植业168家，占总数的40.4%；养殖业223家，占总数的53.6%；林业4家，占总数的1%；渔业2家，占总数的0.4%；服务业4家，占总数的1%；其他行业15家，占总数的3.6%。

按服务内容划分：产加销一体化服务311家，占总数的74.8%；购买服务为主的14家，占总数的3.4%；仓储服务为主的1家，占总数的0.2%；运销服务为主的18家，占总数的4.3%；加工服务为主的2家，占总数的0.5%；技术信息服务为主的18家，占总数的4.3%；其他服务的52家，占总数的12.5%。

按销售收入分类，2009年销售收入在1000万元以上的有6家，在500万~1000万元的有2家，在100万~500万元的有20家，在50万~100万元的有17家，在50万元及以下的有131家。

康庄镇小丰营村绿菜园蔬菜专业合作社获得农业部2010年农业标准化

实施项目（基础设施以及销售网点等建设）扶持资金20万元，此项目是自《农民专业合作社法》实施以来，延庆首次获得的农业部示范项目。

二　延庆农民专业合作社发展特点

（一）与农村商业银行联合，小额贷款入社

随着全国农村金融体制改革力度不断加大，延庆已初步形成了商业性金融、政策性金融、合作金融和其他金融组织功能互补、相互协作的农村金融组织体系。为了解决农民专业合作社资金短缺、难以扩大生产的实际困难，延庆农村商业银行与部分农民专业合作社建立了小额信用贷款、小额联保贷款两种制度机制。一方面农户成员贷款不用提供担保或者抵押，贷款的门槛降低、手续简化；另一方面增强了成员的生产能力，扩大了农民专业合作社的生产规模，给合作社增添了勃勃生机。

2010年，依托北京市农业担保公司，康庄镇西红柿种植合作社与有关金融部门达成了80万元的贷款意向。经统计2010年共有8个乡镇的26家合作社有不同额度的贷款意向。

（二）与村经济合作社资产进行有机结合

延庆康庄镇小丰营村是区域内有名的蔬菜种植专业村，村经济合作社有占地面积4万平方米、建筑面积6600平方米、净资产600多万元的八达岭蔬菜市场。村经济合作社决定以入股投资的形式加入北京绿菜园蔬菜专业合作社，成为合作社的法人股，参与合作社的盈余分配，增强了村经济合作社的销售能力。

（三）与涉农部门的国有资产进行有机结合

县果品中心是县属事业单位，该中心每年利用闲置的保鲜库为区域内农民专业合作社免费贮藏果品100多吨，使县果品专业合作社提高经济效益

50多万元，既使国有资产得到了有效的使用，有力地扶持了当地农民专业合作社的发展，又提高了农产品销售价格，有效地帮助了当地农民致富。

三 延庆农民专业合作社发展模式

（一）依托龙头企业带动型

以农业企业为龙头，带动合作社农业技术的更新以及农产品的销售，最终实现农民专业合作社的发展与成员的增收，是延庆推进农民专业合作社发展的一种模式。如延庆阔利达养殖专业合作社在北京阔利达实业集团公司带动下成立，从事奶牛养殖、信息咨询、业务指导、技术培训、拓展销售渠道等业务。在集团的带动下，合作社专门成立运输车队，将奶源定时、定量地运送到伊利、蒙牛等大公司，有效地解决了该奶牛养殖专业合作社卖奶难的问题。

（二）依托能人带动型

发挥"能人"效应，借助能人的资源与能力，带动合作社的发展与壮大，也是一种发展模式。如延仲养鸭专业合作社法人刘少先，先后被评为"全国三八红旗手""双学双比女能手""全国农民青年创业致富带头人"等荣誉称号。《农民专业合作社法》出台后，积极响应政策，将养鸭协会改为合作社，依托"资金、技术、销售"三项服务，带动养鸭户发展，提高农户收入。

（三）依托产业带动型

依托区域内的主导、优势产业，建立农民专业合作社，使合作社的发展与大农业紧密地结合起来，是第三种发展模式。如绿菜园蔬菜专业合作社以蔬菜产业为依托，将净资产600多万元的八达岭蔬菜市场纳入专业合作社。通过合作社，以订单为保障，促进产供销一体化，有效实现小生产与大市场的对接，让农民得到了实惠，带动农民增收致富。

（四）土地流转规模经营型

土地流转是近几年深化农村经济体制改革的一项重要工作，延庆把合作社的建设与土地流转有效地结合起来，实现了两项改革的双赢，这是第四种发展模式。如百物生中药材产销专业合作社所在村的村委会将村集体土地中的 1114 亩流转到该合作社。合作社对流转出来的土地进行统一布局规划，建了 184 栋设施大棚，统一种植蔬菜和花卉。2009 年实现 1000 万元收入，户均 98000 元。

（五）延长农产品加工销售链条型

延长农产品的加工销售链条，增加农产品的附加值是合作社承担的另一项重要服务功能。因此，通过"合作社+农户"的模式延长农产品的加工和销售链条是农民专业合作社的第五种发展模式。如八达岭绿美农产品专业合作社以市场为导向，采取"合作社+农户"模式进行农副产品加工，主要开发生产小杂粮、蛋类、干菜、干果等五大类土特产品，其加工产品的"夏都"品牌是北京市著名商标。

其实这几种模式也并非彼此完全独立，而是相互交错的。比如绿菜园蔬菜专业合作社就同时是"依托能人带动型"和"依托产业带动型"；又如绿富隆蔬菜产销合作社就是龙头产业和能人共同带动的。从对农经站相关工作人员的访谈以及笔者的考察中可以发现，依托能人和依托村集体的产业发展起来的合作社最符合合作社"带领农民共同致富"的发展理念。

四 延庆农民专业合作社发展成效

（一）有效促进体系建设与农民增收

经过 2007 年下半年的努力，26 个规范化管理试点单位五个体系建设初步形成。一是组织体系建设，完善了合作社的内部组织机构，根据各自的实际情况和工作需要设立了内部机构和工作人员。比如大庄科乡的北京莲花山蜂产品产销专业合作社设立了办公室、财务部、生产销售部、技术开发部及培训部等。二是制度体系建设，建立健全了以"三会"（理事会、监事会、成员代表大会）为基础的民主管理制度，规范完善了章程、财务制度、内部规章制度等，特别是建立了紧密型的牵扯各方经济利益的6∶4的利益分配制度，实行以"社务、财务公开"为主的公开制度。三是服务体系建设，规范化管理后的农民专业合作社都建起了统一采购、统一技术、统一品质、统一销售等实实在在的服务体系。如技术服务方面，延伸养鸭专业合作社长期聘请中国农业大学教授作为技术顾问，开展实地指导服务养鸭户。四是管理体系建设，规范入社程序，明确成员身份，明晰产权，规范成员的生产行为。五是市场体系建设，开拓了稳定的销售渠道，打开了良好的营销市场。如北京绿菜园蔬菜专业合作社在原来小丰营蔬菜协会基础上，经过"会改社"工作，进行重新登记，依靠"合作社"这一新型组织解决了多年来申请"独立蔬菜出口权"的老大难问题。2009年该合作社带动小丰营蔬菜市场共销售各类蔬菜3.05亿公斤，交易额达3.18亿元，带动农户3600余户，成员平均户收入3万余元，比非成员农户高10%，比非菜农收入高20%。又如，北京延柏大柏老聚八方奶牛合作社，2008年率先在全县农民专业合作社中实现了盈余返还，共分配盈余59585元，其中按投资股分配29792元，按交易量返还分配29793元，成员全年户均纯收入26000元，比非合作社成员的户均纯收入22000元增加了4000元，增长了18%，提高了农民收入，调动了农民参加合作社的积极性，也提高了合作社的凝聚力和带动能力。

（二）农民自组织意识和能力显著增强

从合作组织的发展形势来看，农民的自组织意识不断增强，不再像过去那样完全依靠政府的帮助来发展，而是积极主动地寻找致富路。2008年统计调查的合作组织中有286个是农民自己组建起来的，占到了总数的85%。此外，2008年所有者权益中农民成员出资额比上年增长了6.4倍。

由此可见，农民参与专业合作社发展的意识不断增强，能够主动出资参与合作社的经营，把自己的利益和专业合作社的利益紧密结合起来，真正实现了农民与专业合作社的利益共享、风险共担。合作社还能积极发挥内部的教育、培训功能，培育和增强了农民的市场观念和民主意识，锻炼了农民在科技推广、组织管理、市场营销以及民主决策等多方面的能力。

（三）促进主导产业的形成，增强农产品市场竞争力

延庆通过农民专业合作组织以订单农业、基地农业、品牌农业等形式促进了当地主导产业的发展，提升了农产品的市场竞争力。如绿富隆蔬菜产销专业合作社利用获得的北京市著名商标"绿富隆"，通过1300亩奥运特供蔬菜基地带动全县5个乡镇10个蔬菜村5600亩的蔬菜产业发展，使全县蔬菜不仅在品质上提升了一个新的台阶，而且形成了具有延庆特色的有机蔬菜主导产业，成为2008年北京奥运会蔬菜供应商。

（四）通过"农超对接"活动，拓宽销售渠道

农业生产者与城镇超市对接是适应农产品生产基地化、规模化、标准化、商品化的重要的现代流通模式。延庆绿富隆蔬菜产销合作社把全县合作社的蔬菜统一组织起来，与京客隆商业集团股份有限公司合作，签订年万吨无公害蔬菜进超市协议。仅2009年6~10月，合作社就有3219.5吨蔬菜进入京客隆超市，交易额65.2万元，净利润18万元，此协议的签订为全县蔬菜产业开拓了销售渠道，有效地解决了小农户与大市场的对接问题，增加了利润，提高了菜农收入。

五 延庆农民专业合作社发展中存在的问题

（一）注册数量多、规模小

由于法律规定5个农民就可以登记注册合作社，注册的门槛较低，所以

延庆小规模的合作社所占比例较高。其中有一部分合作社受扶持政策诱惑而盲目注册,从而处在空壳子、虚架子、不经营的休眠状态。

(二)合作组织盈余少,实现二次返还难

大部分合作组织都具备或实现了对内统一购买生产资料、统一防疫、统一技术培训、统一销售农产品等服务宗旨,而对外以追求利益最大化为目的的经营目标大部分还未能实现。

(三)农民专业合作社融资难的问题

尽管北京市各级政府加大了对农民专业合作社的扶持力度,多种农村金融机构拓宽了农民专业合作社的融资渠道。但是,从总体上看,同延庆农民专业合作社的金融需求相比,北京的农村金融供给仍然严重不足。

农民专业合作社虽然已依法在工商部门注册成立,但它不同于公司等企业法人,不具有企业法人的特征。农民专业合作社的特殊法人地位难以获得金融机构的认可。《农民专业合作社法》实施后,农民专业合作社的市场主体尽管得到法律的确认,也在法律上承认其承贷主体地位,但多数金融机构对此类法人性质仍心存疑虑,特别是借款主体的不确定性更是增加了金融机构的贷款风险,商业银行的利润导向使其不愿对风险比较大的农民专业合作社进行放贷。从笔者的访谈资料来看,延庆的合作社多数是通过理事长或农户个人获得金融机构贷款的。

另外,由于合作社成立时间都较短,内部管理还不规范,各项制度还不健全,没能按照规范化管理要求开展工作,这是新成立的专业合作社中出现的普遍问题,这也影响了合作社筹措资金的能力。

从访谈中笔者了解到,许多富裕农户不愿意加入合作社,多数合作社的起步资金为10万元。农业担保公司通常只愿意为农户担保,不愿意为合作社担保。因此,农村金融服务的薄弱成为合作社发展的一大障碍。

（四）人才困境

大部分的合作组织由农民自发组成，负责人也是农民。他们掌握的业务知识普遍较少，适应市场的能力不强，经营管理的能力弱，综合能力不高，对合作社的发展壮大存在一定的制约性。为了解决合作社人才匮乏的问题，2010年合作社服务中心与县委组织部、县农委、县科委等相关部门组成联合调研小组，重点对15个乡镇的50家老试点合作社的发展、党建、人才情况进行调研，探索"1级组织+1级实体+若干名农村实用人才"的组织化人才培养模式，此项工作进入意见起草阶段。

六　延庆农民专业合作社发展建议

发展农民专业合作社是建设现代农业，发展农村经济，增加农民收入，维护农村社会和谐的重要举措，这已成为人们的共识。

生产资金短缺是合作社普遍存在的问题，在合作社成员内部开展资金互助活动，可以把资金集聚在一起，根据成员不同生产经营时段资金闲置情况进行内部调配，提高资金周转率和利用率，有效地解决合作社和成员生产急需的资金问题。

合作社要敢于尝试，不断开拓产品市场，创新销售模式。一是主动参与国内、国际农产品市场竞争，扩大产品的销售范围；二是深入研究销售模式，探索网络销售、订单销售、农超对接等销售方式，拓宽产品销售渠道。

合作社要树立良好形象，提高诚信意识、品牌意识，实施品牌化经营战略，以信誉和品牌赢得市场。一是生产经营活动必须遵守社会公德和商业道德，做到诚实守信；二是积极开展无公害产品、绿色食品、有机食品生产和认证，申请注册商标，形成有自身特色的品牌，提高产品知名度。

在延庆三个多月的调研过程中，我们不断提出的一个问题就是"新农村建设谁做主"？政府主导的建设方案、建设形式、建设内容是不是农民愿意接受的？政府投入大量的资金开展建设，农民是否真正满意？新农村建设资源配置的权力集中在"条"部门，比如市县的农委、公路局等，而"块"部门，如县政府、乡镇政府，往往无法调配资源。结合对这些问题的思考，笔者认为合作社的发展为回答和缓解这些难题提供了一个较好的突破口。因为合作社发展的意义不仅在于让农民增收致富，更为重要的是培育村民的民主协商和公共事务参与意识，并在这一过程中产生新型的乡村能人，整合乡村的精英和人才资源带领村民共同致富。例如从访谈中笔者就发现，村主任在合作社中获得学习与成长的机会，还在合作社的成长发展过程中发挥了很大的作用；又如，部分具有远见卓识的合作社领导者在考察了台湾农会后，提出可借鉴台湾经验通过政府注资的方式来解决合作社融资困难的问题等。因此，农民可以借助合作社这一平台对政府主导的部分政策方案提出自己的观点和想法，新农村建设资源在政府的"条"与"块"的配置中产生的低效和无效状况也能得到改善，达到整合农村社区中各种有利资源的目标。

笔者认为，农民专业合作社不仅已逐渐成为新农村建设中的一个主体，更是社会建设领域的重要载体，在提高农业组织化程度、带领农民建设现代农业中发挥着越来越重要的作用，在不久的将来一定会成为推动中国农业现代化以及农村地区社会建设的主要力量，而那些具有民主、法治和参与意识的农业从业者与领导者也必将在合作社的发展中不断壮大与成熟，成为中国从传统的农耕社会向现代的工业社会转型中的新型农业工作者。

第二篇
社区治理篇

当代中国社区社会组织参与社区治理研究[*]

一 社区社会组织的类型

从目前在中国城乡社区中活跃着的社区社会组织的功能方面进行分类，主要有以下几类。

民生慈善类。该类组织在社区中的工作领域主要覆盖养老、助残、农民工及其子女、边缘群体（服刑人员子女等）。乐龄、协作者、工友之家、南都新公民学校、太阳村等就是其中比较有社会影响力的组织。

文化教育类。此类组织主要指社区学校和社区图书馆。如李岩创办的北京橡树湾"第二书房"就是其中的典型案例。

支持倡导类。此类组织主要指为社区自治能力的提升提供支持的机构，如恩派、社区参与行动、惠泽人等。

法律维权类。此类组织主要指为维护社区中居民的权利的机构，如致诚农民工法律援助中心、益仁平、义联劳动法援助与研究中心等。

环保类。此类组织主要指在社区中进行环保和食品安全宣传，并开展相关领域的活动的组织，如自然之友、万通基金会社区环保公益项目等。

社会企业。此类组织主要指在社区中，通过企业化的运作模式，实现自

---

[*] 本文原载于《北京社会组织发展研究》，社会科学文献出版社，2015。部分章节有删减和修改。

负盈亏,并将获得的利润进一步转换为机构产品的再生产的组织,如社区慈善超市、小毛驴市民农场等。

近十年来,在中国城乡社区中生长起来的这六类社会组织,无论在数量上,还是规模上均有较大的发展,其中又以民生慈善类组织发展最为迅速。

二 社区社会组织与其相关利益方的关系分析

为了对在当代中国社区层面存在的这些社区社会组织的发展历史、现状与未来有一个全面和深入的理解和把握,笔者在这六类组织中各选取1~2个个案,通过参与式观察和深度访谈的方法,收集第一手资料。在此基础上,笔者发现社区社会组织在组织的发展历程、组织内部的治理结构,以及与外部环境的互动中存在如下共性。

(一)组织发起人的初心与愿景

笔者所访谈的这些机构多数是在2000~2005年成立的。发起人基本上都是专业技术人员,有研究员、记者、公务员、医护人员、律师等。在急速变迁的社会生活中,他们敏锐地感受到了各种社会问题,于是希望利用自己的专业技能,身体力行地为推动社会的改革和进步做出贡献。

自然之友的成立便是与梁从诫先生和当时一些环保人士对生态环境的恶化、珍稀野生动物濒临灭绝的忧虑和思考息息相关。1997年2月就首钢"上游"产业迁出北京的可能性问题的研讨中,自然之友的会员荆中做主旨发言,并形成了梁从诫先生3月在政协会议上关于建议首钢部分迁出北京提案的基础。

北京协作者的李涛原是《中国妇女报》的记者。1998年1月应香港乐施会的邀请,到河北省张北地区进行地震后救援采访,并参与到救援的工作中。在这以后,他就再也无法回到自己原先的生活轨道上去——他感受到了作为一名社会人所肩负的沉重责任,也敏锐地觉察到在当时的中国社会组织几乎是一片空白。于是2000年辞去了记者的职务,创办北京协作者,从此开始了他的公益人生。

1999年，时任北京丰台司法局所属致诚律师事务所主任的佟丽华律师，与另一位律师个人出资，以致诚所的名义，联合中国青少年犯罪研究会成立"青少年法律援助与研究中心"，并开通两部面向全国的热线咨询电话，由专职律师进行解答。2004年，致诚所又开始介入职业化推动农民工维权的公益事业中。佟丽华在《为了正义——致诚公益十年》一书中写道：

"在经过近两年的思考之后，我确立了推动农民工维权的基本思路。当时我的基本想法是：尽管当时国内外都在关注农民工问题，但往往是说得多、做得少，农民工真正需要帮助的时候，去哪里找谁呢？这个问题最简单但最难回答，所以我们要解决的第一个问题就是敞开大门，通过免费咨询和代理案件，直接帮助农民工；农民工接受教育少，缺乏维权意识和经验，我们要通过媒体倡导和直接培训来提升农民工依法维权的意识和能力；通过实证研究，发现法律和政策存在的问题以推动其改革，让更多农民工受益。"

（二）组织内部的治理与挑战

社区社会组织在历经10~15年的发展历程后，基本上都已具备一个现代社会组织治理结构的雏形。

每个组织都有成文的组织章程，且这些章程都对组织的实际运作起着较大的指导作用。这些个案的负责人均为组织的创始人，由此显示组织的管理层或决策层是比较稳定的。所有组织都有理事会，且每年召开1~2次理事会会议，对组织的重大事项和新战略与项目的启动进行决策。从组织权力的集中程度来看，多数组织的权力处于比较集中和有些集中之间，这显示出组织的创始人依然对组织的发展和重大战略决策具有较大的影响力。由此带来的问题是，当第一代的"魅力领袖"离开组织以后，这些机构如何延续它们的生命并被激发出新的活力，是目前中国所有的草根社区社会组织正在面对和将要面对的重大议题。

自然之友的案例便是一个很好的例证。1994~2004年这一时期自然之友的发展凸显了中国早期很多社区社会组织所具有的特点，包括由社会精英或社会名流发起组建，组织的整个生存和发展主要依赖于发起人的社会影响力。但随着部分创始人和团队骨干的离开，梁从诫先生和组织的理事们也意识到自己对组织未来发展的影响和局限性。在2004年2月28日召开的自然之友理事扩大会上，理事们在总结自然之友10年来取得的成就的同时也在反思组织发展过程中出现的问题，并针对组织未来的发展制定了一个清晰的战略目标。于是在之后的6月5日，梁先生公开宣布："自然之友"面向全国招聘总干事，而他要慢慢淡出了。这也意味着自然之友开始了自己的转型——"去梁从诫化"，逐步走上现代社区社会组织的治理之路。

2010年10月28日，自然之友的创始人梁从诫先生在北京病逝。当时的自然之友因此面临很大的挑战，这个挑战主要是自然之友需要重新"找婆家"（即主管单位）。最终，经过多方努力后，自然之友在北京市朝阳区民政局以"民非"身份正式注册。

自然之友的这一新身份，在一定意义上保证了机构能按照自己的战略规划继续发展，也能满足组织开展工作的需求，保证自然之友可以合法地拥有独立的资金账户，可以作为诉讼的原告利用法律手段开展工作。但是，自然之友作为民办非企业单位注册之后，组织之前实行的"社团会员制"受到了很大的挑战，因为在我国的有关规定中，社团和"民非"是有很大区别的，后者是不能招募会员的。所以，自然之友的会员曾一度被叫作注册自然者而不叫会员，这对于自然之友来说是一个很大的转变。其实在此之前自然之友很多的工作主要是依附于会员来完成的，时至今日组织的这一特点依旧没变，它依然会支持自己各地的会员为保护环境去行动，但事实上很多工作的开展所受的限制是比以前多得多的。这也是后来自然之友注册自己的基金会的主要原因之一，它希望可以通过一种"曲线救国"的方式协助组织开展活动，支持各地的会员。

另外，有些社区社会组织的领导者在机构创建之初，就有意识地构建起一个较完整的组织治理体系，这样就在一定程度上使得组织在"后创始人"时期的可持续发展得到了保障。

如"社区参与行动"在成立之初,组织的最高决策权就属于理事会,商议组织的发展战略,对组织进行监督,并对项目运作进行审议。理事会成员任期三年,每年召开一次理事大会。理事基本上由社会知名人士、学者等组成,可以为组织提供专业化的咨询与指导。

组织在倡导参与式治理的同时也将这种理念应用于内部管理,进行扁平化地运作,员工之间均为平行的分工合作模式。每当有新的项目时,组织的成员可以"认领"项目,不论其职位是什么,都可以成为项目主管。这种做法不但使组织内部的交流机制畅通,也培养了员工的能力,令员工有归属感,减少了人员流动性,为组织的长效发展提供了保证。此外,组织还进行了制度化建设,编纂了员工手册,为组织内部参与式治理提供了保证。

(三)组织外部的环境与合作

从组织社会学的视角来看,社区社会组织的发展一方面取决于组织领导者的品行与才能,组织员工的承诺与投入等组织运行所需的主观条件;另一方面,与外部环境中各个要素的客观条件息息相关。这些客观条件包括各项与社会组织发展有关的社会政策与立法、市场经济的发育程度、社会组织的整体发展水平、公众与媒体对社会组织的认知程度,以及现代公民意识的形成等。在这一部分,笔者主要围绕组织与外部环境诸要素的合作关系展开分析。

1. 与政府的合作

可以说获得政府部门的认可,并建立良好的合作互信关系,是社区社会组织运作的前提条件。

2009年自然之友的主要工作人员就曾拜访北京市容市政管理委员会,就社区垃圾分类处理与相关工作人员进行会谈。2013年3月,自然之友邀请研究空气污染的学者、民间环保团体的伙伴、北京四中的学生代表、市民代表以及众多媒体记者,就《北京市大气污染防治条例》草案送审稿展开讨论,共同形成了一份修改意见,并提交给北京市政府法制办、市环保局等部门。

而政府一直就是"乐龄"的重要支持者与合作伙伴。2013年，政府购买服务和补贴占其年收入的1/4左右，主要用于项目和固定资产置办（如老年床位和无障碍设施），不包括人员服务的投入。政府通过参考各类社会评估，对乐龄进行考察来确定资金支持的数量。

"协作者"经历了多年的探索和努力，也获得了政府的认可与信任，并成为农民工和流动儿童相关政策制定过程中的重要合作方。2010年，"协作者"协助北京市与东城区民政局制定了政府购买社会组织服务的相关政策。政府购买服务占组织资金来源的30%~40%。除此之外，"协作者"获得过两次政府奖励：中国社会创新奖和北京市委社工委奖励。

通过对这些个案的研究，笔者发现社区社会组织在成立之初多数经历了一个类似的发展过程，即由一位具有公益信念的专业人士发起，以工商注册或挂靠为二级社团的方式成立，扎根于社区5年以上后，逐渐获得社区居民、社会公众和政府的认可，最终成功转为"民非"身份，从而获得了进一步发展的"合法身份"。由此，在合作主义的原则上，与政府和谐共生。

但是，已有的研究显示，草根组织获得的政府资金支持是很有限的。即仅有占样本总量31.8%的组织得到过来自政府的支持，且资助金额占组织总收入的比例基本都在10%以内。

2. 与其他社会组织的合作

除了政府之外，合作最多的就是各种类型的社会组织，其中又以高校志愿者团体和本土与境外的基金会为主。高校成为这些组织的智囊并为它们输送了大量在校大学生志愿者，而基金会则成为组织运行资金的重要保障。

在笔者所调研的组织中，几乎所有的社区社会组织都接受过或正在接受基金会的资金支持，占机构年度总收入的40%~60%。毫不夸张地说，这些机构在成立之初若无基金会的支持，其生存下去的可能性几乎为零。

目前，基金会依然是草根组织最重要的收入来源，在北京有68.5%的社区社会组织得到过基金会的支持。基金会的支持占组织总收入的比重在50%以上的占43.5%。

3. 组织与志愿者

志愿者无一例外地成为社区社会组织重要的人力资源。这些志愿者来自社会的各个领域，包括高校的大学生和研究生、白领与中产阶级、全职太太等。这些分散于城市中各个社区和机构的个体，借助社区社会组织这个载体，依据各自的喜好兴趣和价值信仰，以一种自主自发和松散自由的方式聚集到一起，为机构提供了有形与无形的力量。

"自然之友"与华北电力大学的志愿者有过很好的合作，例如社区的垃圾分类活动，而现在自然之友很多工作的开展依然需要依靠志愿者，但不是所有议题组的活动都需要志愿者，就像城市固废议题组，为了和这些曾经合作过的志愿者保持良好的联系，他们会为这些志愿者推荐其他议题组的活动。同时，在开展一项活动之前，如果需要志愿者的参与，自然之友会集中这些志愿者召开一次志愿者说明会，向志愿者说明开展此次活动的目的和计划等。

"乐龄"通过多种渠道招募志愿者：一部分是来自大学的志愿者，这些志愿者提供的大多是短期的服务，志愿者更新换代的频率高，无法与老年人建立稳定关系。另一部分是医疗志愿者，他们由于自身条件和服务性质等方面的限制，只能为老年人的健康提供相关的建议，无法参与治疗。而来自社区的老年志愿者，他们时间充裕、居住地点离活动地点近，熟悉社区环境和社区居民，可提供长期的、稳定的服务，因此，组织不断招募这样的老年志愿者提供服务，让一部分老年人在享受服务的同时帮助组织为其他老年人提供服务，在劳动中获得快乐和价值感，实现老年人的"助人自助"。

"惠泽人"的一项重要工作就是对志愿者进行专门化的服务和管理。其分为专业志愿者和普通志愿者，组织专门有一个志愿者数据库记录每名志愿者的服务项目及服务时间，专业志愿者主要来自 Probono 项目中企业相关具有专业知识背景的志愿者，普通志愿者大多来自北京高校和机构实习生。

因此，正如已有研究显示的，绝大多数草根组织都有志愿者为组织工作或提供服务。有半数以上的组织，一年中志愿者提供的服务时间在 3000 小时以内。值得注意的是有 22.6% 的组织志愿者为其提供服务的时间在

10000~50000小时，这也就意味着有相当一部分组织基本上完全依靠志愿者运作。这一点对于北京市的社区社会组织同样是适用的。

4. 组织、媒体和公众

社区社会组织均是通过它们的服务项目和活动在公众中产生影响力，并引起媒体关注的。从调研中发现，这些组织通过公益活动的开展培育了社区公民的美德，激发了社区的公益精神。这一点，笔者将在下文中进一步展开分析。

此外，传统纸质媒体对社会组织的关注一直十分有限，报道也较为谨慎。原本以为伴随新媒体的出现，尤其是微博、微信的普及，其对社区社会组织的宣传产生较大的影响力。但是，笔者从调研中发现，这种影响力远没有预期那么大。

比如，"社区参与行动"表示目前拥有官方的微信、微博、网站、网盘，但宣传效果一般。组织所提供的培训需要面授，并结合实际的操练，而参与式治理的试点也需要工作人员去实地考察，故其认为新媒体对组织的冲击不大，其传播能力也比较弱。

"协作者"的负责人认为新媒体虽然存在，其实用性却似乎不如网站大。他认为新媒体的运作有独特的技术和策略，其中有些是必须的，也有些是商业化的运作，带有很强的商业性，而不是纯粹地为了公益而公益，这也使得管理这些新媒体平台，需要相关人员投入大量的精力。

"协作者"也曾经参与到新浪微博发起的"微公益"当中，救助一位罹患白血病的孩子，但是效果却非常有限。微博等新媒体的商业性，使得一项简单的活动涉及很多利益方，不同于自主管理的网站，例如微公益就有各个圈子和小团体，圈子之外的事情，哪怕再重要再紧急，也未能得到重视。

故此，与传统的媒体相比，新媒体有利有弊。新媒体在互动性、时效性方面确实较强，但是有时显得过于商业化，且其远不及传统媒体的公信力。两者各有优劣，需要根据面对的受众去选择恰当的媒体。

5. 组织与市场

对于当代中国的多数社会组织而言，其在市场中获取资源的能力都相对有限，作为草根的社区社会组织更是如此。

组织与市场的关系一方面是指组织与企业合作，并直接从中获取资源的能力。国内的社会组织基本上没有形成与企业合作的习惯，社区社会组织和企业之间建立战略联系的意识淡薄，每当遇到困难时便会习惯性地找基金会和政府。另一方面，企业的社会责任意识也不够，大型企业会做一些公益项目，但企业做公益主要是出于商业目的以提高企业的知名度与社会认可度，所以它们倾向于与政府或是大型的社会组织合作，在一定程度上压缩了草根组织的生存空间；而中小型企业自身还挣扎在生存线上，对公益即便有心亦感无力，或是将公益作为换取社会资本的手段和工具。

组织与市场的关系，更重要的是指，组织通过社会创新和市场营销的手段实现自我造血的能力。能通过市场实现自我造血功能的组织通常被称为社会企业。社会企业这一概念源自英国，而后在世界其他国家与地区广为使用并取得不俗的实践效果。而在中国，社会企业还处于一个探索与起步的阶段。"国仁城乡（北京）科技发展中心"（以下简称国仁城乡）的出现为当代中国社区社会组织/社会企业的发展提供了许多可资借鉴的经验。

国仁城乡的前身为"晏阳初乡村建设研究院"，因此作为一个已有多年农村基层社会治理经验的机构，在2008年成立之初便将社区支持农业（CSA）模式引入其组织的运作中，走一条将公益与市场结合起来的社会企业之路。经过多年的探索，国仁城乡已显现出社会企业的特征与活力。

兼具经济性与社会性：国仁城乡通过实体农场和淘宝店铺，并依托其合作伙伴北京有机农夫市集销售自产蔬菜、畜禽，为市民提供菜地的租种，并为当地社区或村委会的晚会或会议提供场地，承接亲子社区活动，等等。通过这些商业化的运作，达到盈利的目的，创造经济价值。

国仁城乡不仅开展企业化的经营，也传承了晏阳初乡村建设学院的社会责任感，践行与非营利组织相同的社会使命，一方面通过国仁公益和国仁绿色联盟举办全国社区互助农业大会，为合作的农业合作社和有机农产品的生产者提供互助网络，另一方面引进社区支持农业模式为农民提供责任共担的保障。国仁城乡既开拓了有机农产品销售渠道，又为生态农业和生态农村建设提供了可能性，体现了社会企业的驱动力。

具有自我造血的功能：国仁城乡试图摆脱依赖高校资源或政府补贴的局限性，转型为新农人为建设乡村而创办的企业，通过股东的投资、商业经营、政府购买服务等多种渠道获取资金，不依赖于滴水经济（trickle down）实现自我造血功能。

具有可持续性：国仁城乡作为营利性企业具有获取利润的功能，但不同的地方在于，国仁城乡的利润分配不供股东分红，而是继续投入与社会使命相关的活动和业务中。国仁城乡已在北京投资创办了小毛驴市民农园和小毛驴柳林社区农园，并将农园的运营模式辐射至江苏，创办了江苏常州大水牛市民农园。以此实现利润单位和成本单位一体化，以社会利益最大化为使命，避免利润最大化的出现，实现国仁城乡社会目标和经济目标的可持续发展。

三　社区社会组织面临的挑战与未来

（一）来自合法性与公信力的挑战

目前，阻碍社区社会组织发展的最大障碍依然是其合法性问题以及随之而产生的对其公信力的质疑。

我国现行有效的有关社会组织的法律法规主要有《中华人民共和国公益事业捐赠法》《民办教育促进法》《红十字会法》等法律，《社会团体登记管理条例》《民办非企业单位登记管理暂行条例》《基金会管理条例》《彩票管理条例》等行政法规，此外还有财政部、民政部、国家税务总局等制定的政府规章。从整体上看，现阶段我国还没有一部统一的社会组织领域的法律。应该说，我国有关社会组织的法律法规已滞后于社会组织整体发展的需要。

社会立法在这一重要领域的滞后，导致社会组织管理主体的混乱、管理者权责的模糊、社会组织权利义务的缺位。笔者从调研中发现，许多真正用心从事公益事业的社区社会组织，往往因无法找到"婆家"（主管单位）而难以顺利注册，即便成功注册，也长期处于办公条件简陋、员工薪酬微薄的"贫困"状态，在各方面的政策和待遇都不如政府部门、企业和社会事业单位。而有些则打着公益的旗帜，实则以营利为目的。由是，作为社会公共服务的提供者，社会组织却无法获得和政府及社会事业单位同等的地位以及社会公众的信任。

（二）来自资金与人才的挑战

资金的匮乏以及与之相伴随的人才流失，可谓是社区社会组织发展的另一大挑战。

目前，社区社会组织的收入主要来自民间的资金支持，其次来自销售及服务收入，最后才是来自政府的购买服务。民间的捐赠在很大程度上取决于资助方的意愿和实力，如前文所述，捐赠的主体目前依然以基金会为主，然而伴随着中国经济的迅速发展，境外非政府组织对中国社区社会组织的支持不断减弱，而政府的支持力度不足，社区社会组织的收入来源很不稳定。而相应的，德国非营利组织收入的64%来自政府，法国非营利组织收入的58%来自政府，英国和日本非营利组织收入的45%来自政府，即便从全球34国社会组织收入来源情况来看，来自政府的收入也占到34%。由此可见，政府对社区社会组织的资金支持力度较低。而销售与服务收入仅针对那些有产品和服务出售的组织而言，绝大多数社区社会组织这一收入基本为零。

社区社会组织资金总量低以及来源不稳定，致使机构难以招聘和留住人才。相关数据显示，在公益行业中，88.5%的员工每月薪酬处于税前5000元的水平，且峰值集中在2000～3000元。具有五险一金的机构仅占样本总量的19.3%，有37.7%的组织没有给职工缴纳社会保险。但其工作强度却较大，每天工作10～12个小时是常事。在离职的员工中，有43.1%表示待遇差是离开这一行业的主因。①

笔者从案例调查中获得的结论也证明了这一点，这些社区社会组织员工的年薪多在3万元左右，且不具有五险一金的社会保障。但是从访谈中发现，即便收入微薄，这些组织中的核心成员总体上还是比较稳定的，且具有较强的团队凝聚力，其原因主要是出于对领导者和组织理念的认同，认为工作本身实践了自身的价值与意义，同时也比较喜欢组织中平等互助、宽松自由的氛围。但即便如此，社区社会组织的人才流失依然是阻碍其发展的重要因素。

（三）组织的未来

如今，在社会生活和公共服务的各个领域，都开始出现社区社会组织的身影。尽管面对合法性、资金、人才以及机构治理能力等多方面的挑战，社区社会组织近些年依然得到了较快的发展。

第一，社区社会组织在数量和种类上都有所增加，并且项目的设计也日趋多样化。如部分环保组织其活动领域已由早期的注重环境宣传、特定物种保护等，发展到如今的以公众参与为主的环保活动中，它们在提高公民的环保意识，倡导零废弃、绿色出行和生活方式等方面起到了重要的作用。

第二，社区社会组织开始向专业化方向发展。它们均会招收与本组织服务内容相关的专业人员。如自然之友通常会招环境工程专业背景的人士，而且每个组织都会聘请相关领域的律师作为机构的法律顾问。

第三，社区社会组织逐渐开始展现出自己作为第三部门的作用，开始展开社会监督，维护公众权益。如自然之友在环境公益诉讼中，致诚所在农民工权益诉讼中均以诉讼主体的身份出现在公众的视野中。

第四，社区社会组织越来越重视与其他地区和国家的同类组织进行交流

---

① 《2010中国公益人才发展现状及需求调研报告》，腾讯公益慈善基金会、南都公益基金会、刘鸿儒金融教育基金会联合零点研究咨询集团共同发布，http：//wenku.baidu.com/link?url=0iCaOwCQUVxOxWMv-jelLwBNHu6FNslCZGHoWdzw_ fNr-ngQ-Xxs9EMJn4w7zip2A5i6X2Yv_ 7xl9WjKwRE0oBmjqUgO4H3qTO7lnzMvp_ W。

与合作,并积极派出工作人员参与相关培训,学习一些国外同类组织的先进管理经验和活动项目。伴随政府和本土基金会的支持力度增加,境外基金会扶持资金所占比重有所下降,但是在技术、经验和理念的合作与交流方面并未减弱。许多机构的领导者和员工纷纷奔赴欧美发达国家和东南亚等发展中国家考察学习同行的经验,并将好的方式方法带回中国,结合本土的经验加以改造,为自己的机构所用,从而展现出一种"民间外交的软实力"。

四 社区社会组织在基层社会治理中的作用及其局限性

早在1951年,联合国经济社会理事会对扶持社区内民间团体、合作组织、互助组织共同推动社区经济与社会发展的可行性进行探索,形成政府与社团及居民群众的通力合作格局来有效地解决不发达社区的贫困、疾病、失业、经济发展缓慢等一系列问题,从而启动了世界范围的"基层社会治理"活动。

而在我国,最早是在1986年,民政部提出"社区服务"的概念。关于社区建设中的社区社会组织,中央层面的相关文本还是2010年由中共中央办公厅、国务院办公厅印发的《关于加强和改进城市社区居民委员会建设工作的意见》。

此后,民政部在《关于进一步推进和谐社区建设工作的意见》中明确指出,要建立健全共青团、妇联、残联、老年协会等群团组织在社区的机构,大力培育服务型、公益性、互助性社区社会组织,发挥其提供服务、反映诉求、规范行为的作用,并要适当放宽社区社会组织的登记条件,降低门槛,简化登记手续,及时办理备案手续,并在活动场地等方面提供帮助。这为新形势下社区社会组织的建设和发展提供了契机,也反映了研究当前我国社区社会组织发展模式的必要性和紧迫性。

通过多年的调研笔者发现,社区社会组织对基层社会治理最大的贡献在于:激发民间活力,凝聚民间力量,形成社会共识。有学者指出,中国近30年的社会转型是一个去组织化的过程。从城市的单位与村落的公社中被释放出来的个体，以及"80后""90后"新生代群体中的多数，通过市场这只无形的手被重新组织起来，但借此只保障了他们的基本生存所需。而各种类型的新型社会组织的出现，则为他们提供了志趣、意义、价值与精神的归宿。散落在市场海洋中，拥有不同爱好和价值追求的个体，通过社会组织这一载体，又重新聚集和组织在一起，创造出与市场活力并行的社会活力。而社区则是个体从市场中退场以后，回归到家庭的日常生活后的场域。社区社会组织则为社区中居民施展各自的才华，参与社区公益活动，对社区公共事件进行议事和讨论提供了舞台。

例如，自然之友在社区的工作，以宣传倡导社区节能为主，最典型的就是其于2008~2009年在社区开展的"夏至关灯"活动。2009年，自然之友成立了两个专项的议题组，相当于向议题形式的工作形式转型。同时，基于2009年哥本哈根会议关于全球气候变化和低碳方面的探讨，自然之友也意识到可以基于社区中的家庭开展一些关于节能减排方面的工作。由此，自然之友借鉴一些国外成功的案例设计了针对社区家庭的活动，从此自然之友在社区的活动也丰富起来。

又如，"惠泽人"的东城区社区志愿者服务发展项目立足于东城区志愿者中心，开展创新型社区志愿服务项目大赛，激活东城区社区志愿者协会及其五个街道分会的志愿者组织，同步配套专业管理体系和能力建设，从而完善东城区志愿服务发展体系，促进社区志愿服务的常态化与可持续发展。为了实现更加专业化的服务，通过"惠泽人"朝外社会组织基地服务发展中心，对入驻的社会组织和项目进行服务和监督。在这样的背景下，"惠泽人"的出现就是为社区与社区社会组织搭建一个社区支持中心平台，让这些草根组织可以简单快捷地进入社区提供服务，促进社区建设。同时，"惠泽人"也会协助社区社会组织开展能力建设，促进社区社会组织自力更生，实现社区自治的可持续发展。

再如，2012年，小毛驴柳林社区农园引进了社区互助模式，小毛驴通过同柳林社区的合作，开展有机农产品的生产，还同柳林社区建立了良好的互动关系，为柳林社区提供社区活动和交流平台，带动柳林社区的生态旅游。经过 2012 年的基础设施建设，小毛驴柳林社区农园于 2013 年 3 月正式对外全面开放，有种植园和养殖园，并为市民提供土地租种、蔬菜采摘和各种农业教育活动，以打造社区和农村相结合的综合性生态农业社区，探索出北京农村基层社会治理的互助模式。

与此同时，正如一些学者所指出的，在亚洲的一些国家，利益群体或组织的建立依靠的是个人人际关系或家庭关系，有时候在市场交换中发挥重要功能。大部分研究把关系作为比较个人的、家庭的，目的是为参与者谋取私人利益，而不是寻求一种将自私自利者的个人概念提升到"公共领域"的层面，或者西方传统中哲学意义上的"国民整体"的境界。在当代中国的基层社会治理中，普遍存在如下问题。

一是社区公共服务不足。政府出台政策，以需求为导向解决公共服务问题，形成规范化的服务体系。但这种规范统一就使得政策不可能适用于每个社区，失去了社区的特色，使得政府的政策在实践过程中变成了形象工程。

二是在城市化进程中不同利益群体之间存在冲突。许多冲突的产生主要是由于居民没有参与到决策过程中。地缘性熟人社会的消失与陌生人社会的建立也引发了社区中的矛盾，社会从有机团结走向机械团结，社会规范从习俗、道德、舆论、权威等多种形式逐渐变为单一的法律规范，当邻里之间不再构成一个共同体时，规范也就无效了，传统农耕社会中的邻里互助便消失了。

三是缺乏发声的渠道。在社区层面的意见表达机制的缺失容易使现实性冲突变成非现实性冲突，例如部分群体性事件中，很多"凑热闹"的人卷入冲突，冲突的目的只是宣泄情绪。

因此，从国家与社会意义上而言，社区社会组织的发育和发展就显得尤为重要，其促进了政府与民间的沟通与对话，成为预防与化解社会矛盾的"安全阀"。

"社区参与行动"位于和平里街道，组织与街道联系较为紧密，合作时间长。当街道下辖的社区遇到一些问题时，例如大杂院私搭乱建、群租房、居民矛盾等问题时，希望机构帮助他们解决问题。街道也会给予一些支持，比如提供办公场地等。"社区参与行动"在北京有 13 个试点社区，其提倡与社区和政府的积极沟通，认为回避并不能从根本上解决问题。组织的负责人表示："非政府组织缺乏和政府与居委会合作的能力，你做的事情如果是正义的，就应该用行动去影响决策者。我们主张合作，治理本身是一种合作机制。"

就像有些学者所说的，社区是国家的细胞，也是社会建设可以和人民日常生活发生联系的关键场所。社区善治最关键的是，在社区中形成大批的自发自愿的社工，形成各种各样的社区公益行动来解决社区问题，提升社区福祉。而社区社会组织的作用是扎根社区，根据社区需求和发现的问题，支持建设公共设施，并依据社区以往的文化传统塑造社区公共空间。通过组织各类公益性的文化活动来发掘和培育社区中的公益骨干。在这些活动中，社区社会组织和社区骨干一起组织讨论和建立各种公共生活的制度和规则。进而，社区社会组织和地方政府、企业一起形成合作治理机制，解决社区中的关键问题，推动善治。社区协商民主机制也初步形成，社区居民不仅仅通过投票，而且通过利益相关各方参与的会议磋商来参与社区事务的决策过程。①

此外，笔者通过调研发现，社区社会组织在基层社会治理的作用发挥中存在诸多的局限性。

我们发现，在当代中国的社区中，志愿者一般都以长者和女性为主，少有中青年人群的身影。其中的重要原因，笔者认为主要在于大城市中的家庭不以其所居住生活的社区为精神归属，他们也无意在其中寻找志同道合者构建起以地域为范围的社团生活，而是依据自己的兴趣和喜好在各种类型的社会组织、俱乐部和沙龙中寻求职业与家庭以外的兴趣与价值共同体。而在西方国家，社区共同体的发展是与教区的历史文化传统息息相关的，每到周末，社区中的居民便在教堂中相聚，在宗教仪式结束后，就社区的公共议题开展相关的讨论，从而培养了西方家庭团体生活的习惯。而这一点在中国的

---

① 朱健刚：《香港公民的新趋向》，《当代港澳研究》2014 年第 2 期。

城市社会中向来就是缺乏的。这也就使得在中国的城市社区中，很难见到公共活动的发起者和参与者。

自然之友过去的很多活动都是针对社区开展的，但在做了几年后发现这种通过社区传播环保理念的方式无法达到预期的效果，所以近几年的很多活动都是直接针对家庭开展的，包括"低碳家庭"的家庭改造活动、春泥行动、零垃圾挑战赛等。其中"春泥行动"在北京有近百户参与，分布在北京的各个小区里。同时，这些参与活动的家庭会在线上建立自己的QQ群、微信群或是讨论组，互相之间会就一些堆肥、垃圾减量的问题进行交流和探讨，总结和分享自己的经验，而且他们之中的很多人在亲自动手实践后都会"急不可耐"地想要给别人传授自己的经验。

除了居民自身的因素以外，原本作为居民自治组织的居委会长期以来聚焦于街道条块布置的各项任务，其成员的理念和组织职能均产生偏差，演变为政府的行政末梢，而非真正意义上的社区自治机构。当一个社会组织出现在社区中的时候，居委会的成员往往不知道如何与其共处。即便在社会组织发展较好的街区中，笔者发现社区社会组织与居委会合作较好的项目均为服务性的议题，较少涉及倡导性的议题。理念、使命和愿景上的差异，也在一定程度上抑制了社区社会组织的创造力和活力，以及在社区中的组织动员力量。

五 推进社区社会组织参与基层社区治理的政策建议

（一）设立社区社会组织直接登记注册制度

社区社会组织是最基层的居民自治组织，活动范围也往往局限于社区的有限地域内，活动内容、人员和组织结构都比较简单。可以降低准入门槛，放宽登记条件，简化工作程序，设立社区社会组织直接登记注册制度。如广东省内成立的公益慈善组织现今均已可直接在民政部门登记注册，而无需主管单位。

（二）加大政府资金扶持力度

在基层社会治理中政府可将社区社会组织发展统筹进来，按照参与率、活动开展、社会影响力等指标系统配置社区社会组织资金投入，加大政府购买服务力度。同时，政府还可以给予社区社会组织减免税收、减免水电费、房屋租赁补贴等优惠政策。

从长远来看，应当将购买服务和培育社会组织相结合。社会组织只有具备一定的能力和条件，才能高质量地完成服务任务。通过政府购买社会组织公益服务、落实社会组织税收减免政策等培育社会组织的行政措施，重点培育发展公益与慈善类社区社会组织。

在这方面，笔者认为可以借鉴广州市和英国的经验。目前，广州市每个街道都有一个社区社会组织，主要从事家庭综合服务的工作，其运作资金基本上来源于政府购买服务，而人力资源主要依托于广州市各大高校的社工系及其成立的社工事务所。在英国，政府每年提供给社会组织的财政资源共约33亿英镑，其中大约一半来自英国政府的博彩收益——文化部将每年博彩收益的28%，通过其下设的"新机会基金"和"社区基金"这两个政府基金，以公开招标的形式竞争性地分配给全国各级各类社会组织；此外，政府各个部门也积极在财政预算中列出专门类别，用于向社会组织购买公共服务，积极扶持资助社会组织。这种方式既为社区社会组织提供了一种筹资渠道，又分担了政府的职能，促进了政府与社区社会组织的合作。

（三）推进社区社会组织的能力建设

社区社会组织专职人员的工薪福利依然偏低，这对组织吸纳优秀人才造成一定的障碍。笔者建议对于在此类组织工作的专业人员，在户籍和社会保障等方面给予政策倾斜，定期为这些专职人员提供免费的培训。制定和完善社会工作人员在社区中工作的制度和有关政策，使他们安心地在社区中工作。

在东莞市，市、镇两级财政出资以购买岗位社工的方式支持社工机构的发展，每个社工岗位是 7.6 万元一年，人力成本通常占机构全年支出的 80%。这样自然就能使机构中的社工毫无后顾之忧地积极投入工作中。

与此同时，社区社会组织若要成功申请到政府购买服务项目，必须努力加强自身能力建设，完善组织自身的管理运作机制。一是注重和政府的双向沟通，把握政策导向，项目设计时要找到组织自身的使命与政府关注领域的切合点；二是重视项目设计与社区居民需求的一致性，确保提供的服务能够满足社区居民的需要，得到受益群体的认可；三是在实际运作中，保证项目质量和资金透明，树立自己的品牌，以获得政府的持续性支持。组织要建立完善的财务公开机制，接受媒体和公众的问责与监督。此外，社区社会组织应逐步建立自我营销、自我造血的意识，拓宽资金来源渠道。

（四）完善对社区社会组织的评估机制

一个良好的监督机制的建立对社区社会组织公信力的建立至关重要。这种监督首先来自内部的自律机制，建立现代非营利组织治理结构，充分发挥理事会和监事会的作用，是极为重要的。同时，在年检时采用第三方独立评估等方式评估这些组织的服务绩效，在评估时主动听取社区居民和服务对象的意见。

（五）大力发展公益服务与民生慈善类社区社会组织

针对这么多不同类别的社区社会组织，笔者认为可以分阶段优先发展某类组织。笔者从调研发现公益与慈善类组织能最大限度地动员社区居民的志愿参与积极性以及培育公民美德，因此建议政府部门可以重点推动此类组织的发展。志愿者精神或者说公民美德的实质，是人们基于一定的公共意识、关怀意识、责任意识、参与意识、合作意识、利他精神和奉献精神，以及受个人偏好影响的自觉行动。此类组织的发展能培育居民对社区公共事务协商议事、共同参与解决的能力和习惯，而这又进一步促进社区信任和社区社会资本的积累。后者恰恰就是社区治理和建设的目标。

（六）制定促进社区社会组织发展的财税政策

促进捐赠法人的税收优惠公平。对于捐赠企业，应该逐步放宽其限额，如果当年捐赠超过限额，允许其在捐赠后的几年间继续结转分摊，比如美国采取的是五年分摊制。进行这样的改革后，捐赠的多少和地区都不会受到税收优惠政策的影响，更好地体现出捐赠者人人公平享受国家鼓励的公益性质。

企业进行实物捐赠，不仅会导致企业所得税的增加，而且还要缴纳实物的增值税，如果是在消费税纳税范围的物品还有消费税，后续还有城建税、教育费附加和地方性的收费。这一系列税负打击了企业实物捐赠的热情。所以对企业捐赠的救济性质的生活必需品，应给予更多的税收优惠，鼓励企业的捐赠行为。

简化个人捐赠退税程序。个人纳税分为企业代扣代缴和个人申报两种方式，扣税程序也应合理简化。大部分民众缴纳个人所得税都是由企业代扣代缴的，其中退税手续繁杂，耗时耗力，应该简化其中的手续。企业代扣代缴的情况涉及四方主体——捐赠人、本工作单位、税务部门与银行，其中办理的过程与程序比较多，应该予以科学简化与合并，至少可以在一定程度上减少捐赠人自身的相关成本支出。如果是个人申报的情况，则相对比较简单，可以借鉴美国的做法，个人将向基金会捐赠后获得的公益性票据与纳税申报表一同交予税务部门，税务部门即可通过其资料快捷办理减税事宜，这样捐赠人能获得更大的鼓励效应，更积极参与社会公益事业。

（七）完善政府购买社会组织服务体制机制

进一步完善政府购买服务的体制机制和相关制度，一是修订《政府采购法》，把政府向社会组织购买公共服务的相关内容写进该法，并制定社会组织生产和提供公共服务所适用的公共财政规定和税法；二是把政府向社会组织购买公共服务的内容纳入财政预算的法定范围，并规定相应的财政支出和管理制度；三是将当前对社会组织工作采取的"事项式管理"，如政府立项并购买服务的方式,逐步调整为"标准式管理",区别不同事务设立服务标准,并更多地采用招投标机制。

建立健全政府购买社会组织服务的项目内容、服务绩效评估及服务监督体系,以提高效率和成效、改善质量、鼓励创新、加强问责和提供弹性,目标是以最符合成本效应的方式配置资源,以满足不断变化和多元化的社会需求。政府购买社会组织服务的规则应包含如下两个层面:第一,实质规则层面,政府购买公共服务的范围和标准、服务对象的界定原则与方法、政府分类购买公共服务的制度、社会组织承接公共服务的资质认证方法等。第二,程序规则层面,政府购买服务的方式和程序、招投标方法、资金审核与管理办法、对社会组织提供公共服务的监督管理办法、绩效评估方法与标准等。

政府购买服务的关键不在于投入了多少资金,而是对于不同的目标对象所产生的可持续的、积极的社会影响。目标对象可以是个人、群体、组织或系统。这些目标可以当作社会影响力来加以评估,即由某种活动、项目或组织产生的社会变化。当然,社会组织的目标往往是非定量的,不像企业部门的目标是直接可以观察的,这造成社会组织的绩效和影响力难以测量。但通过区分社会影响力的不同层次及不同的战略目标,我们还是可以清楚地观察和测量这种影响力所引起的种种变化,如①在哪些方面,改变了特定个人的福祉;②在哪些方面,促进社区发展和增强凝聚力;③服务的成效和质量有哪些提高;④在哪些方面,使社会变得更公平与和谐。

(八)积极推进社区基金会的发育和发展

通过创立社区基金的方式,来资助社会组织、志愿组织等在各个社区中的运作,围绕社区治理,根据各个社区的特点、历史文化传统、环境特点、社区资产(资源)以及所面临的问题,来制定具有针对性的社区治理项目。从中国的社区现状与需求来看,已具备推进社区基金会发展的社会经济条件和土壤,但在推进力度和勇于创新、勇于尝试方面,却显得过于保守。笔者认为,一些运作比较好的社区基金或自治基金可以尝试转型为社区基金会,另外有条件的社区也可以鼓励创立社区基金会,以有利于专业化、规范化和可持续发展。为了推进社区基金会的发展，政府应加快推出若干配套性的政策和实施办法，并设立市级社会组织发展基金，以便为社区基金会的发展和运作提供政策、资金上的支持。除了政府不断加大资金投入外，也可以通过各种社区营造项目吸引社区居民的捐助。通过社区营造项目的运作，吸引广大居民的自主参与。

在社区基金会的发展方面，可以借鉴广州和上海的经验。广东省千禾社区公益基金会成立于2009年，是一家资助型社区基金会。自成立以来，千禾基金会便立足珠三角，以合作的态度、问责的方式推动社区的创新发展，为有需要的社区和弱势人群提供帮助，推动贫困社区的改变与可持续发展。上海的许多社区正在积极开展这方面的尝试和创新，如浦东新区的陆家嘴街道、浦兴街道和塘桥街道，徐汇区的田林街道和康健街道等，通过社区基金的形式，鼓励和吸引社区组织、社会组织和社区居民以项目化的形式参与到社区治理和社区服务中来，以此提升社区居民的参与意识和主体意识。另外，鼓励各类基金会（公募和非公募基金会）积极参与社区治理，通过社区公益项目推动社区治理，培育社区居民的参与意识、自主意识、公共精神和志愿精神。

六　结语

从上述社区社会组织参与社会治理的种种实践来看，国家善治和社群主义观的公民治理可以被视为社会治理的两个重要维度。

（一）善治与合法性——国家视角

尽管中国在近几十年的社会转型中，在经济领域取得了巨大成功，但仍然面临贫富差距扩大、生态环境恶化、政府公信力弱化等问题。因此，从国家建设的角度来看，善治就成为解决合法性问题的关键。

善治的本质特征，就在于它是政府与公民对公共生活的合作管理，是政治国家与民间社会的良性互动与合作。善治包含以下要素：法治，法律是公共政治管理的最高准则，在法律面前人人平等；参与，公民的政治参与，及对其他社会生活的参与；公正，不同性别、阶层、种族、文化程度、宗教和政治信仰的公民在政治权利和经济权利上的平等；透明，政治信息的公开性；责任，管理者对自身的行为负责；有效，管理的效率；稳定，国内的和平、生活的有序、居民的安全、公民的团结、公共政策的连贯；廉洁，政府官员奉公守法，清明廉洁，不以权谋私，不以自己职权寻租。

一个善治的社会要维持廉洁，决策时尊重少数人和弱势群体的意见。当代政府已认识到要妥善治理社会，不能单靠政府的力量，还要借助市场和社会组织的力量。进一步说，善治坚持以民为本：政府必须通过公平的经济增长消灭贫穷、创造就业、鼓励自发精神、增加教育机会、保护环境，为妇女、儿童、少数族裔和弱势群体创造可发展的环境。

由于社区社会组织是国家与基层社会进行合作的重要载体，因此，笔者认为社区社会组织发展的重要性也就在于，它是促使国家实现"善治"并获得现代国家治理合法性基础的主要的民间力量。

（二）公民治理——社会视角

公民治理受到两种时空系统及其思维的影响：其一为 20 世纪 60 年代社会权利意识抬头；其二为 20 世纪 80 年代小而美政府的反集权思维。然而后者所蕴含的自利个人主义却又成为主张公民治理的支持者批判的对象，因为公民治理的支持者采取社群意识的基调，主张蕴含命运共同体观念的社群才是公民治理的基础，在他（她）们眼中自利动机对于公共治理而言可能是弊要大于利。20 世纪末迄今，欧美社会中愈来愈多的政策实务经验，足以证明公民积极参与治理并不仅仅是一种理想或是政治学说，更是一种可以具体实践的治理途径和方法。

盱衡西方政治思想史，蕴含命运共同体意涵的国家观，乃是贯穿古代至近代的基本信念，而此观念经由启蒙时代欧洲多位重要政治思想家的补充，特别是梭罗的论述，使得社群论的内涵更加丰富，并且成为 19 世纪政治学的主流思维，深刻影响了美国独立革命以及法国大革命。简而言之，启蒙时代的社群论导致现代民主政治的兴起，然此社群论，本应进一步地成为公民积极参与治理的基石，但事实却非如此。

从 20 世纪 20 年代开始，美国政治学界，对于前述观点提出了严厉的挑战并转而采取了分歧社会的基本假定，多元论遂成为政治科学的主流。随后又在经济学的冲击下，以原子论式自利个人主义为假定的公共选择理论，将反国家观念推到极致。自由主义向以原子论式自利个人主义为假定的论述发展成为主流，并在公共选择理论提出后发展至高峰。

但从 20 世纪 60 年代开始，某些学者对于前述趋势非常不满，因此提出严厉的批判，其中有一股思维便是植根于命运共同体的社群观念，进而发展出所谓的"社群主义"（communitarianism）。扼要言之，现代的社群论起源自对于自由主义的批判，重拾了社群论的精神，但论述重心并不是"国家"而是"社会"，亦即社群主义所关注的议题并非发展国家理论，而是社会乃至公民在公共治理中的角色。

从这一理论路径出发，笔者认为上述个案中所展示出来的经验事实表明，社区社会组织正成为社区居民参与公共生活的重要载体，虽然还未达到一种命运共同体的程度，然在此过程中一种社群主义的精神已被逐步培育出来。

综上所述，无论是从国家层面的善治理论出发，还是从社会层面的公民治理与社群主义理论出发，我们均可发现社区社会组织已然成为城市基层社会治理中一股重要的力量。它在形成公民参与的空间、培育公民美德的同时，也成为疗愈大都市中日益原子化的个体孤独感和冷漠症的一剂良药。在社会、公民而非国家的层面推动社区共同体的建构。

城市居民社区参与研究*

——基于北京市 D 街道社区营造案例

一 序言

随着我国城市建设的发展，社区参与逐渐成为我国城市社区治理的新议题，对城市社区参与的研究也成为学术界研究的热点。从广义上来理解，社区参与就是指社区建设和发展中的参与行为和过程，社区参与的主体则是社区发展的具体运作过程中，受到有关法律、法规保护，依法享有参与社区重大事务决策和管理，自主处理社区公共事务，并承担相应责任和义务的人和群众。[1]

关于社区参与的类型，可将其分为三种形式：一是政治层面的他组织形式，包括社区选举的发展和"民评官"制度的建立；二是公共管理中的自组织形式，包括门栋自治、楼群自治、共助共建、志愿者服务等方式；三是公共政策层面的地方政府与居民组织互动合作的参与方式，包括政府听证会、社区对话、居民论坛等。[2]

关于社区参与的行为方式和途径主要有三类：一是居民以个人身份进行

---

* 原文载于《2017 年北京社会建设分析报告》，社会科学文献出版社，2017。本文系本书作者与刘鸿桥合著。

[1] 王珍宝：《当前我国城市社区参与研究述评》，《社会》2003 年第 9 期。

[2] 王敬尧：《参与式治理：中国社区建设实证研究》，中国社会科学出版社，2006。

的社区参与；二是居民作为某个组织成员进行的社区参与；三是居民组合成不同类型的非正式组织进行的社区参与。[①]

而我国城市居民社区参与发展至今也主要经历了三个阶段。第一是形成阶段，20世纪80年代中期经济体制改革启动，街道、居委会直接担负起社区建设、社区治理的重要任务。第二是发展阶段，随着社会主义市场经济体制确定，社区参与作为社区建设的重要内容快速发展。第三是完善阶段，2000年发布的"两办文件"将居委会定位为社区建设的主体组织，城市管理理应社区化，极大地调动了居民参与社区建设的积极性。

二 研究框架

城市居民参与社区中的事务，是公民参与在社区范围内的实践。只有社区成员积极地参与社区事务，才能够在真正意义上实现社区自治。在一个社区内，居民参与得越多越容易形成社区关系网络，能够使居民表达出自己的诉求，在社区中得到自我发展，同时推动社区的发展，促进治理体制的完善。并且社区参与程度越高，越有助于保证居委会或者街道的决策满足社区成员的利益需求，有助于降低社区决策执行中的成本。因此，城市居民社区参与的程度同社区建设的实践是一个正相关的关系，社区参与的程度越高，说明社区建设得越好，而社区参与的内容与形式则可以为社区治理机制提供选择。

图1显示从社区参与到社区社会资本建构，再到社区治理与社区发展的逻辑脉络是十分清晰的。而本研究重点要讨论和加以验证的问题是在外来组织（以下简称T团队）进入D街道后，在社区营造过程中，如何推动社区居民参与到社区事务中？社区居民与社区治理的绩效在外来组织进驻前后产生了怎样的变化？社区参与的哪些特征要素影响了社区社会资本的培育并推动社区发展？

[①] 叶南客：《中国城市居民社区参与的历程与体制创新》，《江海学刊》2001年第5期。

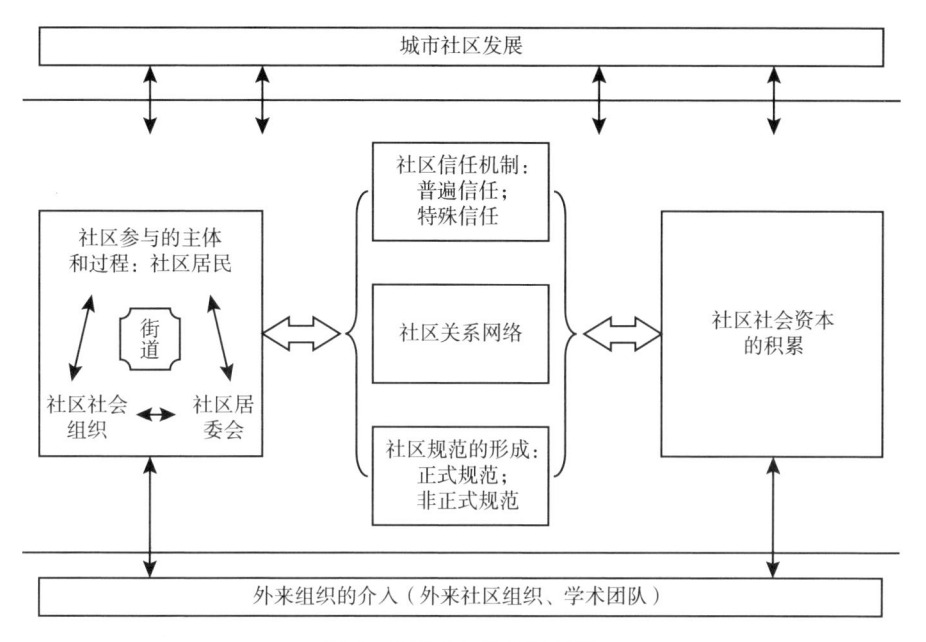

图 1　社区参与的逻辑脉络

三　T 团队入驻前 D 街道的基本情况

（一）B 市 D 街道基本情况

D 街道历史悠久，文化底蕴深厚，辖区面积 1.26 平方公里，建筑面积有 90 万平方米，共有街巷胡同 114 条，下辖 9 个社区。2013 年全国人口普查统计资料显示，D 街道户籍人口 56386 人，常住人口 36997 人，其中流动人口 14976 人，户均居住面积为 19 平方米。随着北京市人口疏解政策的推行，2016 年初至今 D 街道区域疏散流动人口近 3000 人。

2014 年 T 团队对 Y 胡同近 50 位社区居民进行了访谈，Y 胡同是 D 街道房屋腾退工作的分界线之一，本地人与外地人数量平均，具有一定的代表性。除此之外，2016 年笔者也针对 D 街道近 20 位居民进行了深入访谈，其中包括本地居民和外来人口。综合访谈可以发现以下结果。

年龄结构：参与调研的本地居民多为50岁以上，年龄结构上本地人老龄化严重。其中又以65岁以上的老人为主，其大部分是20世纪70年代的工人，由单位分配宿舍开始在此居住。外来人口的年龄结构与之相反，呈现以青壮年为主的特征。

职业和收支：本地人多为国有企业或事业单位的退休工人，月收入高的有5000元，低的无收入或是靠打零工为生，夫妻双方月收入在5000~6000元的家庭居多，其他收入一般很少，个别有手工艺品制作销售收入、子女赠予收入与理财收入。日常饮食、水电煤气费是老年人的最大消费支出，医保政策下医疗费用支出不多。外来人口多是中青年群体，来京较久的成为个体户，从事餐饮、装修业，收入相对较高；来京较短的主要从事保安、饭店服务员等职业，在胡同里做小生意、当维修工、收废品等，人均月收入在2000~4000元不等，普遍比本地居民工资低。

住房情况：作为老旧平房街区，人口密度高，住房条件存在较大分化，有的家庭拥有整个院落；也有的三代人住在10多平方米的房子里，生活空间高度重叠。原本布局清晰的四合院，在经历20世纪的公私合营、唐山大地震后自行加固这些阶段，院落被进一步细分，加上私搭乱建，现在所有院落基本都成了大杂院，过道里摆满了自行车和杂物，私人空间与公共空间的界限不清。

由于四合院没有下水道，因此院落中没有卫生间，需要使用公厕和公共浴室，到了冬天极为不便，大量中青年人搬走。本地区的外地人居住面积普遍狭小，多因房租较低而租住在本区域，人员的流动性较大，所以许多外来人对自己所生活的院落并不关心。

日常生活：本地人多为老年人，每天早起买菜，午饭后午睡，下午出门遛弯，大部分时间还是在家里，看电视剧、听戏曲和音乐，活动半径非常狭小，仅限于坐公交车去附近的公园散步、赏花等。只有少数"老北京人"有养鸟、喝茶等爱好。而外地人的生活习惯则多为一早出门工作，下班很晚回来。

教育水平：本地居民的学历多为初高中文化水平，他们的子女学历多为中专和高中。离开此地的年轻人学历普遍较高，工作稳定且单位好，这些年轻人祖辈在新中国成立前的家庭也相对富裕，文化程度高。此外，居住在本地的外地人学历水平普遍不高。

本地居民和外地居民之间的关系：本地人和外地人的关系并不十分融洽。从访谈资料中可以发现，将近半数的访谈对象对外地人无好感也无反感，处于互不干涉、缺少交流接触的状态，而部分受访者表示由于生活习惯不同经常和外地人产生矛盾。在此地居住的外地人通常从事服务业等行业，社会地位较低。

本地的社区社会组织：2015年，T团队共调查了D街道社会办、D街道社区服务中心、三个街道层面的单位，同时包括9个社区的社会组织，访谈社会组织约80家。按照成立背景及来源划分，主要有街道居委会推动成立型（每个社区的标配）、居民自组织型、街道外部社会组织入驻型（即T团队）。由于社会组织自身缺乏自我发展的诸多条件（如场地、资金、宣传、合法性地位获得等）和街道对所在辖区内社会组织的管控，几乎所有的居委会推动成立型社会组织在实际运作中都成为居委会工作的延伸。居民自组织在街道和居委会介入后的发展方向也各有不同，有的自组织获得了更多的资源支持；有的自组织比过去略有提升，但不显著；还有些初期发育较好的居民自组织，走上"正规化"道路之后，反而限制其进一步发展。

（二）D街道居民社区参与情况

根据参与主体意识的强弱来看，多数为动员型参与，少数为自主型参与。根据参与主体的组织形式来看，组织性参与和非组织性参与均存在，多数为由街道和居委会进行动员的非组织性参与。

依据居民参与途径，多数为居民以个人身份参与社区的选举或其他活动；其次以某一非正式组织（如志愿者团体）成员身份进行社区参与；而以某个正式组织或单位成员身份参与到社区发展之中的很少。

就社区参与的形式而言，主动参与和被动参与都有，主要还是以被动参与居多。街坊彼此认识，见面打招呼，但是交往程度浅，多为弱关系，局部存在强关系，比如给邻居介绍工作、帮邻居带孩子等。居住环境的恶化直接导致大量本地人搬离，原有社区的情感网络断裂。空房出租，外地人涌入，社区内部人口异质性增强。社区中本地居民之间大多数保持着比较好的信任关系，但是本地居民和外地居民之间的信任关系普遍没有建立起来。外地人的社会网络基本为以血缘和地缘为基础的同乡群体。街道和社区居委会提供了许多社区参与的机会和社区参与的空间，如参与节日活动、年末的文娱演出等，但是机会和空间仍然有限，基本上仅限于文娱性（而非公益性）的活动。

四　社区参与的变化与社区社会资本的积累

（一）T团队进驻社区后的行动

2014年底T团队来到D街道进行调研，团队首先对D街道中两条胡同进行了入户调查，深入了解居民的生活情况、居住诉求，也发现了很多社区能人，随后展开了对社会组织的调查。在D街道的支持下，设计并开展了社区营造行动，分为以经济培育社会行动、以组织培育组织行动、资源调查行动和社区建设与民生改善计划四个方面。

在D街道资源调查行动中，以掌握本社区的人、文、地、产、景五大类资源，寻找社区的特点，为社区营造奠定资源基础为主。更好地了解D街道常住人口的基本情况，掌握本地居民和外来人口的住房条件、职业分布、收入和消费、社会网络等信息以及弱势群体生存状况等。

以组织培育组织行动，推动D街道建立社会组织孵化平台。以组织发展组织的理念和目标，引入对口、优质的社会组织进入D街道，建立一个社会组织孵化平台，并引入专门从事社区营造工作的社会组织。在T团队的推动下，D街道将S社区的一个四合院改造成街道社会组织孵化中心，T团队进驻5个工位并已投入使用。

T团队以社区营造工作坊和公益微创投为载体，对社区自组织进行培育。社区营造工作坊通过课程讲座、经验交流等方式，介绍和传播社区营造的基本理念，讲解和传授社区营造的方法，培训班除了邀请专家教授还会邀请一名在社区营造方面具有丰富经验的专家全程参与活动，随时与学员保持密切的交流，给学员提供多方面的指导和培训。在此基础上，于2015年开启公益微创投大赛，2016年9月举办了第二届微创投大赛，并获得了街道的资金支持。

在D街道社区建设与民生改善计划方面以院落改造，即帮助居民改善居住环境为主，此项计划由于涉及范围较广，周期较长，推动时间较长。

（二）社区自组织培育过程中促进社区参与

1. 社区自组织培育过程

通过一系列服务项目和引导，T团队不仅有步骤地提升社区居民的归属感，而且激发居民参与社区活动的积极性。通过一步步耐心地引导，T团队发掘社区中的"能人"，发挥"能人"作为意见领袖的号召力，发动更多居民参与到社区营造中来。

社区自组织培育分为两个阶段，前期的调研阶段和自组织培育阶段，自组织培育阶段以公益微创投和组织培育项目为主。通过公益微创投项目鼓励社区居民参与社区活动，自己申报项目，并逐渐形成具备初级形态的自组织，慢慢完成组织架构搭建实现稳定运行，再逐步进行组织培养。在两届公益微创投的资料收集对比中，本地居民社区参与水平明显提升。

2015年8月，在D街道举办社区营造培训班，随后首届社区公益微创投大赛正式启动。大赛由D街道工委、D街道办事处主办，T团队作为学术单位予以支持，最后评选出20个具有创新、引领、示范意义的公益项目。2016年10月，由D街道与T团队联合开展的第二届公益微创投项目正式启动。笔者全程参与了第二届公益微创投前期工作和项目申报阶段。在4个月的时间里，T团队的成员拿着宣传单在街道的各个社区奔走，寻找社区能人以及热心于社区公益事业的居民，寻找想用自己的智慧和力量做实事的小团体。最终通过了16个公益微创投项目申报和8个组织培育项目申报并完成立项工作。

2.社区参与形式和内容的转变

在首届公益微创投活动和第二届公益微创投立项过程中，社区自组织的数量不断增加。前期调研的7个自组织，大多是在居委会的号召下发起的（如S社区女子助老队），或是由社区居委会牵头创办的，也有京剧社等自发形成的兴趣团体。截止到第二届公益微创投立项工作结束，从首届微创投的20个申报项目中存活下来的8个自组织继续获得资金支持，并且再次成功申报16个项目，参与组织活动的人数越来越多。

(1) 社区参与人数增加和参与意愿增强

从技术与资金支持来看，在第一届微创投以前，社区自组织多依托居委会，活动资金也多来自街道和居委会的经费，但第一届公益微创投获得了西城区福彩基金会的资金支持，居民能够利用资金组织自娱性且具有公益性的活动。在第二届微创投立项阶段，很多社区居民已经对公益微创投有所了解，也更加积极地参与其中。以往，居委会的活动资金有限，居民活动经常得不到资金和技术支持；而在公益微创投之后，资金和技术层面都有了改善，社区居民也就更愿意参加活动以及自己组织活动了。

(2) 社区参与主体组织形式的转变

从社区参与主体的组织形式来看，以往多为街道和居委会组织居民参与，尤其在特殊的节日活动中。在社区营造理念逐渐渗透进社区之后，以团队形式申报创投项目或已经处在培育阶段的组织，会主动联系居委会工作人员，定场地，进行团队活动。如B社区的摄影队，原本只是社区内部的摄影培训班，定期组织摄影培训课程，意图指导本社区的摄影初学者，增加生活乐趣和生活技能，随着B社区摄影培训的定期举办，整个街道有摄影兴趣爱好的居民都被吸引过来，居民主动联系居委会工作人员，约定活动时间和场地，逐渐发展到在暑期开展了一次整个街道范围的摄影培训班，让更多的居民能够在一起交流和互动，相约采风。

还有社区的女子消防队，其组建缘起于辖区居民与本地消防中队的合作，通过消防技能的培训，向居民大力宣传消防知识，普及初级灭火技能，定期在社区巡逻处理安全隐患。多次排除火灾隐患的行动让社区居民对她们的好感和信任不断加深，居民也达成了共同维护社区安全的共识，有更多的居民自愿加入消防队这一自组织中来。

社区居民从"被组织参与"向"自组织参与"转变的同时，社区参与的形式逐渐从被动参与转变为主动参与。如S社区的助老队，其原本是社区居委会主导下发展起来的，在一次次活动后，助老队的成员会经常主动去看望社区内的空巢老人，关心他们的日常生活，也经常为老人补充一些生活所需，空巢老人谈及助老队的付出都非常感动甚至落泪。在助老队注册成老年协会以后马上就承办了一个金婚摄影活动，弥补很多老人以前因为各种因素没有拍结婚照的遗憾。通过这样的活动，居民之间的隔阂逐渐消除，社区慢慢培养了和谐的气氛，居民对社区的归属感也不断增强，社区自组织开展的志愿服务也强化了社区居民彼此之间的信任。

（3）社区参与方式与途径的变化

从社区参与方式与途径来看，以往居民多以个人身份参与到社区的选举或活动中，但是在微创投项目立项和实施过程中，必须以团队形式申报，要有负责人、财务管理、项目执行的组织架构。社区参与从个人参与转变为自组织参与的过程中，一个个社区能人逐渐动员起自己的关系网络形成小团队，并在小团队的内部进行商议，完成资源分配和规则制定，随着关系网络的逐渐扩大，拥有共同志趣的居民以"滚雪球"的方式逐渐扩大为一个团队，随着组织活动的开展，越来越多的成员参与进来。如B社区的京剧社，由京剧名家之后王老师发起，最开始只有几个京剧票友在一起唱戏，后来在居委会的支持下成立了京剧社，有了排练场地，10余年来京剧社的发展一直起起落落，好的时候可以去茶馆演出，不好的时候几个月都十分沉寂。首届公益微创投中，京剧社以每月一台戏的项目活动申报成功，此后连续7个月，在每月底进行演出。王老师调动自己的关系网络，联系不同的票友和乐师参加演出。活动中，京剧社让票友互相认识加深联系，通过合作演出也为剧社建立了更多的关系网络。通过社区、街道的多方努力，京剧社的排练室已经从一个普通的社区活动室搬到了一个专门的京剧活动场地。京剧社也不断发展，票友成员也不限定区域，参加活动的人数从十几人发展到近百人。2016年，京剧社顺利通过组织培育立项。随着网络的扩大和连接，越来越多的京剧爱好者加入京剧社的活动中，从而再次促进居民的社区参与，社区参与也逐渐从"我"转变为"我们"。

在公益微创投项目申报的过程中，以团队申报项目的要求无疑加速了自组织的形成，当居民自组织形成并且能够持续发展，居民的观念也逐渐转变，从形式的转变转化为观念的转变并继续促进形式的转变，从而进一步促进了居民自组织的发展。

（三）社区社会资本的积累进一步促进社区参与

随着T团队行动的深入，社区成员间加深了解与认同。社区居民在不断的互动参与中形成了更加密集的关系网络，网络中的个人和组织通过沟通和协调获得信息，通过反复的互动确定如何展开互惠的合作，从而产生了社区信任。T团队在进行社区营造的过程中，长期的驻扎和持续的活动让社区居民对之产生了信任。在微创投项目立项过程中，通过对社区能人的访谈、社区项目书的辅导一点点加深关系和情感，T团队的成员也逐渐融入居民的关系网络里面。在信任的基础上，社区居民才能更好地接受社会营造的理念，在团队成员的一点点辅导下，居民在申报微创投项目的过程中，参与团队组织的活动，加深了相互间的信任。由此，越来越多的人加入不同组织的活动中，从而进一步促进了居民的社区参与。

在培育社区自组织，促进社区参与的过程中，"互助"和"互惠"的规范也不断得到建构，在社区居民自组织的过程中，必然会出现各类集体行动问题，这些问题小到助老队今天主要探访哪几户老人，大到整个团队未来发展方向到底如何，每个人都有不同的想法，最后集体商议、集体决策。由此，民主决策的规范就在自组织内部首先建立了起来，组织内部民主治理和民主决策的规范逐渐形成。随着团队成员的增加、团队影响力的扩大，规范也反作用于自组织、社区和居民。民主协商、共同决策的规范非常有利于自组织的发展，有利于关系网络的建立和扩大，也让更多的社区居民想要参与组织活动。

社区自组织的培育发展过程也是社区关系网络建构的过程。社区居民以团体活动的方式参与到社区公共生活中，通过一次次的组织活动，社区居民之间的互动和沟通变得更加频繁，促进了社区关系网络的发展。S社区的成长加油站为社区附近小学的孩子们准备课余兴趣班，包括课后的表演班、兴趣小组、暑假的夏令营等。每周二学生家长接送孩子的时候会互相聊天，随着活动的开展逐渐熟悉起来，邻里关系网络逐渐形成。这些孩子中有很多流动儿童，间接促进本地居民和外地居民关系网络的形成，也进一步促进了外地居民的社区参与。

五　结语

通过对D街道社区营造案例的分析可以发现，有效地推动城市社区参与有两个主要途径。一是通过工作坊等课程和讲座来促进社区参与，T团队一次又一次的社区营造工作坊，不断传播社区营造的理念、讲授社区营造的方法，逐渐让更多的社区居民了解社区营造，参与社区营造，将观念深植于心，从而将被动参与社区活动逐渐转变成主动参与。二是通过公益微创投比赛和自组织培育项目来促进社区参与，T团队通过微创投比赛吸引社区居民形成小团队来申报项目从而促进社区参与，通过长期辅导进而培育社区自组织。以团队申报的形式加速了社区自组织的形成，也促进社区关系网络的形成和发展。D街道的社区参与逐渐由被动参与转为主动参与，从个人参与转为组织参与，从非制度性参与转向制度性参与，逐渐形成社区自治的基础。

随着居民社区参与的增加，长期又频繁的互动使居民之间、自组织内部形成了互惠互助的意识，建立社区规范，增进社区信任，构建起的非正式社会网络逐渐形成社区关系网络。社区社会资本在这一过程中被培育和积累起来，社区社会资本的存量越来越高，社区规范良好、社区信任程度高、社区关系网络发达，就更加有利于促进社区参与，从而形成了良性循环。在这样的良性循环中，社区居民在满足自身利益诉求的同时也实现社区共同需求，加深了对社区的归属感和认同感，社区参与增强的同时也不断满足多元化的社区需求，形成的社区信任、社区规范和关系网络使得更多的资源参与到社区治理中，从而优化治理成本，提高治理效率，推动社区自治，促进社区发展，实现社区"善治"。

在D街道社区营造的过程中，离不开两个重要因素：一是D街道和各个居委会的支持，二是T团队全体成员的长期坚持和秉持的社区营造理念和方法。在各方支持下，举办工作坊和公益微创投的方法取得了初步的效果，值得城市社区学习和借鉴，通过长期的驻扎进行自组织培育，能够更好地促进社区社会资本积累，促进社区自治，推动社区发展。

但与此同时，D街道社区营造过程中也会有一些局限性，如地理因素的影响，使得D街道的安全和维稳工作始终排在首要位置；目前，社区参与人群主要为年纪大的社区居民，缺少年轻人的加入；外来人口流动性较大，缺少归属感，本地人和外地人的关系网络也有待进一步建立。T团队内部成员以学生为主，因此具有较大的流动性，只有建立长期的稳固的关系，才能更好地进行组织培育。当然，无论是社区营造，还是社区参与，都需要长期的坚持、不懈的努力，才能在开拓出的社区公共空间中守住来之不易的公共精神。

社区自组织嵌入社区治理的协商机制研究[*]

——以两个社区营造实验为例

一 引言

当前,传统的城市社区管理及服务体系已无法满足社区居民多元化、多层次的利益诉求。城市社区作为城市社会系统的基本单元,其治理已经成为政府与学界关注的焦点,社区协商是推进社区治理的重要手段。

党的十八届三中全会审议通过的《中共中央关于全面深化改革若干重大问题的决定》,指出"协商民主是我国社会主义民主政治的特有形式和独特优势",并提出要开展形式多样的基层民主协商。中共中央办公厅、国务院办公厅于2015年印发的《关于加强城乡社区协商的意见》中指出"城乡社区协商是基层群众自治的生动实践,是社会主义协商自治建设的主要组成部分和有效实现形式"。党的十九大报告明确提出"要加强社区治理体系建设,推动社会治理重心向基层下移,发挥社会组织作用,实现政府治理和社会调节、居民自治良性互动"。构建社会主义和谐社会需要公众的广泛参

---

[*] 基金项目:本文为北京市教委科研计划项目"社会资本理论视野下的北京市社区社会组织研究"(项目编号:SM201810005007)的阶段性成果。同时感谢清华大学研究计划"两岸清华合作研究计划——两岸灾后小区重建模式的试验与实验:以鹿谷及汶川为对象"(计划编号:523013002)提供经费支持相关资料收集;也感谢台湾信义文化基金会与清华大学社会科学学院合作成立的信义社区营造研究中心,提供的后续研究相关经费。原文发表于《西北大学学报》(哲学社会科学版)2019年第2期。

与，加强和创新社会治理，应当重视社区自组织在公民参与社会治理中的源头和基础性作用。促进社区社会组织发展，提高社区居民的主体参与意识和议事协商能力，构建社区多元治理体系，已成为当前我国基层治理创新的基本政策导向。

在这一基础上，我国许多城市试图推动社区协商制度，学者也投身到社区实验当中，但进展情况并不乐观，一些社区出现了"议而不决"、居民参与程度低的现象，自上而下地推进社区议事协商陷入困境。显然，社区协商的本质在于共识达成后的有效行动，社区协商的出路在于居民具备"我主张，我负责"从而"我受益"的协商精神和自下而上的行动能力。

鉴于此，本文基于对T大学在H市和J市的两个社区营造实验点长期的参与式观察，结合深度访谈，阐释社区自组织参与协商机制的过程，试图探讨在社区营造的推动下，自组织作为一种自下而上促进社区内形成自治理机制的形式与方法，如何在社区治理中实现可能及可为。

二 理论脉络

（一）自组织

自组织概念源于系统理论，比利时物理化学家和理论物理学家普里戈金（Ilya Prigogine）在建立"耗散结构"理论的过程中发现了自发有序结构，将形成自发并且产生有序结构的过程定义为"自组织"。[1] 在社会科学领域，自组织是一群人基于自愿的原则主动地结合在一起，其产生包括两个阶段：首先是一群人形成小团体；其次是这个小团体拥有特定目标，并能够为了该目标进行分工合作、采取行动。[2] 奥斯特罗姆（E. Ostrom）通

---

[1] 叶侨健：《论系统自组织机制——耗散结构机理图的诠释》，《系统辩证学学报》1994年第2期。

[2] 罗家德：《自组织——市场与层级之外的第三种治理模式》，《比较管理》2010年第2期。

过研究小规模公共池塘资源案例，论证了自组织在公共事务治理当中的重要作用。[1]

社区自组织作为一种机制，是指不需要外部力量的强制性干预，社区通过自身就可以实现自我管理、自我教育、自我服务、自我约束，进而实现社区生活的有序化。[2] 而社区自组织作为一个名词，在社区当中就是社区社会组织。培育社区自组织是社区营造的主要手段。

（二）自组织与社会资本

科尔曼（James Coleman）认为社会资本是个人所拥有的结构性资源，它存在于人际关系的结构当中，并能够为结构内部的个人行动提供便利，其主要内容包括信任关系、共享的信息网络、社会规范及有效惩罚、权威关系以及有意识进行合作的社会组织。帕特南（Robert D. Putnam）在《使民主运转起来》的研究当中，将社会资本界定为社会组织的特征，这些特征能够使组织的参与者更有效地在集体行动中追求共同目标，其内容包含参与者彼此之间的信任、互惠的规范和参与的正式及非正式网络。

显然，自组织的特性在逻辑上与社会资本紧密相关："首先，一群人基于关系与信任而自愿地结合在一起；其次，结合的群体产生集体行动的需要；最后，为了管理集体行动而自定规则、自我管理。"[3] 自组织建立在基于情感性、认同性关系的自组织成员之间的合作之上，并且在不断的合作中形成共同的行为规范。

信任、规范和网络三个要素，贯穿自组织研究与社会资本研究的始终。同时，这三个要素也为协商民主的发展提供了土壤。

---

[1] E. Ostrom, *Crafting Institutions for Self-Governing Irrigation Systems*, San Francisco, CA: ICS Pres, 1992, pp.16-41.

[2] 杨贵华：《自组织与社区共同体的自组织机制》，《东南学术》2007年第5期。

[3] 罗家德、梁肖月：《社会营造的理论、流程与案例》，社会科学文献出版社，2017，第16页。

(三)自组织与社区协商

区别于行政逻辑主导的街居制,随着单位制的解体和进一步的市场化,社区中除了原有的居民自治组织以外,出现了指向社会逻辑和市场逻辑的大量文娱、公益等不同类型的自组织,这些组织和团体的产生,是现今社区居民利益追求分化的结果。在居民利益诉求多元化、差异化的城市社区内,不同的利益主体和行动逻辑之间,矛盾与冲突不可避免,如何规避风险,促进社会和谐,在社区层面引入协商民主尤其重要。在多元治理的过程中,社区内各个主体之间的协商是极为重要的环节,针对社区公共问题加以理性讨论,才能就问题达成共识,进而落实到实践层面,推进社区发展。

有学者指出,在城市社区的治理中,协商民主只是一种嵌入性途径,为城市社区的治理提供了一种具体的实践形式,而不是单纯地建构一个具有民主形式的外在约束制度[1];对于社区协商民主的重要性,学者认为,城市社区的治理亟须导入系统化和常态化的协商治理,通过协商民主理念和技术上的跨越,倾听各阶层声音,平衡各阶层利益,实现城市社区的联合协商[2];也有学者认为社区协商治理是基层社会治理的制度实践创新,但如何有效破解社区公共性难题、统合多元价值观和整合阶层利益,从而最终达到整个社会的善治是城市社区协商实践面临的重大考验[3]。

可以说,自组织既是社区协商的前提,亦是推动社区协商的关键。

自组织与社区治理密切相关,作为处于基于权力关系的政府治理与基于交易关系的市场治理之间的第三种治理机制,其显示出不同于政府

---

[1] 韩福国:《作为嵌入性治理资源的协商民主——现代城市治理中的政府与社会互动规则》,《复旦学报》(社会科学版)2013年第3期。
[2] 闵学勤:《联合协商:城市基层治理的范式变革》,《吉林大学社会科学学报》2015年第6期。
[3] 文军、吴晓凯:《社区协商议事的本土实践及其反思——以上海市普陀区"同心家园"建设为例》,《人口与社会》2017年第1期。

治理和市场治理的优越性,并能够与政府、市场协力发挥作用,消弭有限理性和机会主义行为等治理问题。任何善治都应该混合层级、市场与自组织三种治理;不同情境需要不同的治理机制,会有所偏重,但亦必须有所平衡。[1] 在居民开展日常生活实践的社区当中,自组织相较而言是更符合逻辑的选择。因而培育社区自组织,能够推动社区治理结构的转型,亦可因社区自组织内在的合作、参与、有序等特征成为提高社区治理绩效的有效工具[2],进一步提升社区社会资本,推动社区可持续发展,最终达到善治。

居民的公民意识和组织化的有序参与是自组织参与社区协商的前提。针对社区自组织参与社区公共事务,国内外学者已有诸多研究成果。托克维尔(Alexis de Tocqueville)认为美国公民在参与多样的社区自组织团体、以自组织的名义开展行动的过程中,习得了自我管理和解决公共事务的能力,自组织培养公民形成了共同完成一项事务的互助精神,从而成为有清晰权责意识的现代公民。帕特南在《使民主运转起来》中指出,意大利南部一些地区的经济停滞不前,是因为与北部地区发达的社区组织和成熟的参与机制相比,南部地区存在普遍的不信任,缺乏市民和组织的参与,难以实现城市自治。国内学者也在这一领域形成一定共识,认为社区居民通过自组织的形式参与各类社区事务,能够避免针对社区事务出现搭便车行为[3];只有确保民众在社区有机会习得自组织能力,才有可能推动建构中国好社会[4];实现社区参与式治理需要政府有意识、分步骤地向社会放权、授权,并培育社区参与的组织化力量[5]。

---

[1] 罗家德、梁肖月:《社区营造的理论、流程与案例》,社会科学文献出版社,2017,第41页。
[2] 肖日葵、萧仕平:《不同理论视角下的社区自组织研究综述》,《天府新论》2009年第1期。
[3] 夏晓丽:《城市社区治理中的公民参与问题研究》,山东大学博士学位论文,2011。
[4] 闵学勤:《社区的社会如何可能——基于中国五城市社区的再研究》,《江苏社会科学》2014年第6期。
[5] 唐有财、王天夫:《社区认同、骨干动员和组织赋权:社区参与式治理的实现路径》,《中国行政管理》2017年第2期。

可见，探讨社区营造背景下自组织的社区协商机制，对当下社会治理及社区治理创新具有重要的导向意义。

三　个案研究：两个社区实验的实证分析

（一）新建商品房小区的社区营造

JT 小区是位于东部沿海城市 H 市的新建商品房小区。2015 年楼盘开盘销售，开始形成一批最早的业主。在尚未交房入住时，X 社区营造团队便进驻社区，开启了新建小区的社区营造实验。在房屋建设的同时，X 社区营造团队开始依托现有的基地，基于已购房的业主开展社区营造活动。X 社区营造团队主要通过生日会（主题活动）、邻居见面会、议事会三种类型的活动，使业主在未入住的时候，便开始形成连续不断的互动，认识未来的邻居，产生亲近感，在此过程中促进沟通与信任。线上线下同时推动社区关系的建立，在活动过程中建立了社区居民大群、楼栋群和一些兴趣群等，X 社区营造团队也利用各种渠道向居民们传达社区营造的理念和 JT 小区打造社区营造小区的愿景。前期较为充分的社区营造工作，使得居民对社区产生了较强的认同感。居民在 X 社区营造团队的助力下，积极开展社区活动，形成了一定数量的社区自组织，使得社区内建立起基本的信任网络，与其他新建小区相比，社区社会资本积累较快，为日后协商平台的搭建打下了一定的基础。

1. 社区自组织的出现与发展

从楼盘售卖开始，经历了一年多的社区营造活动和辅导，2016 年 9 月，JT 小区在未入住的情况下成立了一个自组织——新居互助团，互助团通过实地考察和经验介绍等形式，为有需求的居民入住后的软装采购提供联合议价服务和有效建议。自组织成员是 X 社区营造团队在社区活动开展过程中挖掘出来的积极分子，在后续的一些活动中起到带头作用。这些能人不仅有服务的意识，也具备服务的能力，新居互助团的部分能人因为有多次购房经验，能够考虑到居民可能会面临的诉求，并提供行之有效的方案，新居互助团的服务使得许多居民获益，共享的信息网络初步成形。2017年4月交房之后，新居互助团的工作任务完成，自组织转型成为志愿服务团，继续活跃在社区当中。

服务团转型之初，延续新居互助团的理念，吸收成员主要考虑是否有公益心、是否有能力为社区居民提供服务，并未在人员构成上做过多的设计。后期参与到社区协商机制当中后，为了增强服务团代表居民的正当性，在多个楼栋中招募成员，但服务团核心成员主要还是以入住前的多次议事者和新居互助团为基础形成的一批较为稳定的能人群体，这些能人在社区当中树立了一定的威望，同时是社区内各个组织的关键成员，成为社区内关系网络的重要节点。X社区营造团队引导自组织和能人将更多的注意力集中到JT小区的公共事务层面，包括社区活动的举办、邻里关系的营造、社区公共空间的运营甚至社区可能会面临的公共问题。

服务团成员经过一段时间的磨合产生了较高的默契度和对组织的认同度，内部的组织架构和治理机制逐渐成形，通过和X社区营造团队的商讨，确立了组织目标和未来发展方向，主要目标是解决社区的公共事务，群策群力，结合社区营造，实现社区发展。

除服务团外，入住之后，社区居民们开展了更多的日常互动建立了更深层次的信任关系，也产生了邻里间的互惠行为，互动与交流增多后，居民们根据自身需求发展出不同类型的自组织。出于打造社区营造小区的愿景，开发商在小区建设过程中，设计了大量公共空间，这使得与其他社区相比，JT小区的自组织具有一定的优势，社区自组织的许多活动也围绕着社区公共空间展开。这些自组织的负责人很多都是服务团的成员，作为社区内的积极分子，带动其他居民参与自组织的发展。以社区能人为核心，JT小区目前发展出七个不同的自组织。

从表1能够看出，社区内部自组织的类型较为丰富，考虑到不同群体的需求。并且，经过X社区营造团队的辅导，各个组织都能意识到组织规章和持续活动的重要性。自组织以能人为主导，X社区营造团队提供支持，不同需求的居民选择性参与的形式逐渐发展起来。部分自组织在居委会进行了备案，考虑对外筹资的可能性。社区营造为构建社会资本提供助力，也为社区自组织的发展创造了环境。值得注意的是，与其他互惠互益的自组织相比，服务团作为公益性自组织，在社区协商机制中发挥了独特作用。

表1 JT小区自组织情况

组织名称	需求	活动场地	活动时间	组织规章
健身队	健身	社区健身房	固定	有
瑜伽队	中老年人健身	社区架空层	固定	有
亲子图书室	为青少年创造活动空间	社区图书室	固定	有
绿植群	养绿植，美化公共空间	睦邻平台	非固定	无
叔叔阿姨群	为老年人创造活动空间	社区架空层	固定	无
手工群	满足手工爱好	不固定	非固定	无
服务团	解决公共事务	社区公共空间	固定	有

2. 协商平台的搭建

2017年6月，居民入住后不久，诸多公共事务需要决策，如公共空间的管理运营、各自组织的资源需求。同时，社区内也出现了房屋需要后续维护、物业管理等问题，一些居民独自去找开发商解决时被推诿，也有人采取过激方式，但这无益于实现各方利益的协调。X社区营造团队便在前期社区能人参与议事的基础上，推动搭建了JT小区互信共建沟通会，即社区内的多元协商平台。

由于新建小区的居委会尚在筹建当中，小区内的业主委员会也因入住率不足无法成立，代表小区居民利益的服务团便扮演着前期业委会的角色。在协商平台搭建之后，服务团为了增强自身的代表性而有意识地招募新的居民加入，并且尽可能在各个楼栋都有成员，这样可以使服务团收集到所有楼栋居民的反馈。

2017年7月，首次互信共建沟通会召开，包括X社区营造团队、服务团、部分居民、物业公司、开发商，居委会筹建组列席会议，服务团代表居民利益主体与各方开展协商。X社区营造团队为会议设置了罗伯特议事规则，并成为议程、秩序的维护者。沟通会形成了一个基本的多元治理平台，社区内逐渐形成常态化协商机制，服务团参与到社区的议事协商当中。在每月多方沟通会召开之前，每月第一个周六下午，服务团先召开内部例会，成员汇报从自己楼栋中收集的问题供大家讨论，拟定提交到沟通会上的问题，商议问题解决办法，这成为内部的协商机制。之后，每个月底召开多元沟通的协商会议，提出在内部例会中拟定好各类事项，与其他协商主体在会议上达成关于社区事务的初步共识（见图1）。

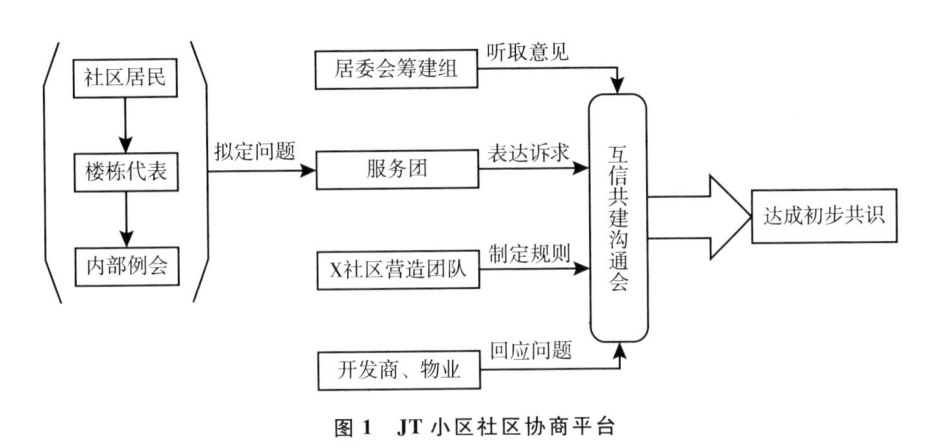

图1 JT小区社区协商平台

但是，JT小区协商机制的发展并不顺利，每月的协商会议形成的决策大多数都没有下文，许多诉求以"等业主委员会成立之后再投票表决"的理由被搁置，经过服务团统计，数次协商会议提出的几十项诉求与意见实际被解决的只有1/5左右。2018年4月，服务团最后一次在互信共建沟通会上就这些事项与其他主体进行沟通依然无果，此后，协商平台暂时停摆。其他社区自组织对资源和场地等方面的需求，同样由各个自组织负责人自行寻求解决方案，基本不依靠服务团实现串联进行协商讨论。

（二）老旧城区的社区营造

J市D街道作为已经开展了数年社区营造工作的社区实验点，诚然取得了良好的成果，但老旧社区与新建小区的外部与内部环境存在许多不同，此处并不比较社区营造的成效，而是探讨社区自组织参与到社区协商机制当中的另一种可能。

D街道地处J市的老旧城区，下辖9个社区。针对当地社区自组织衰落且少有能解决社区现实问题的自组织的状况，T社区营造团队在D街道进行社区动员，秉承社区营造理论和专业的工作理念，以挖掘社区能人、举办社区微公益创投项目并培力辅导、搭建线上参与平台等方式培育社区自组织。

1. 社区自组织的发展

2015年至2018年4月，D街道举行了三届微公益创投项目和以民生议题为导向的第四届项目（民生会），微创投项目注重对自组织基本能力的培养，民生会项目则引导自组织关注社区公共事务，以自身所长为社区提供服务。在T社区营造团队长期的培力与陪伴过程中，不同类型的自组织在不同程度上获得了发展。XHY社区的四个自组织TZ艺术团、YH女子健身队、XHY助老队和XHY养犬俱乐部在参与项目的过程中，组织规模扩大，组织能力也得到提升。

文娱类型的自组织通常被认为是自娱自乐、参与水平较低。但依据事实经验，社区的艺术氛围、文化氛围，对提升社区凝聚力有着不可替代的作用，文娱类自组织承担着树立社区文化自豪感的职能。在D街道的实践中，文娱类自组织展现出利他、互助、为居民服务的可能，各自组织均试图通过自身的专长来开展社区公共服务。例如，YH女子健身队鼓励、引导残疾人参与户外健身活动，TZ艺术团关注老年人的文化需求，XHY养犬俱乐部通过公益讲座普及文明养犬知识以减少居民间矛盾。

对于原本就以服务为主要职能的助老队等自组织，T社区营造团队注重培养其提升服务能力的意识，并为这类组织之间创造交流讨论的机会，使其能够互相学习、借鉴有益经验。T社区营造团队在日常辅导中，也不断向服务类自组织传达助老、助残等服务要精准和常态化，自组织将观念付诸行动，形成了长期可持续的社区参与。

居民及自组织从小处着眼，从兴趣和身边的问题开始，由最表层的参与发展到对邻里和社区事务的关心，随着能力的提升和意识的增强，最终能够着眼于社区公共事务。T社区营造团队和社区工作人员在长期陪伴的前提下，适时引导，提供机遇与支持，使得自组织的参与能够由被动转化为主动，由自娱自乐转化为关注社区，产生了互惠、公益的意识，并具备了将想法付诸行动的能力。

2. 协商平台的搭建

随着 D 街道各个社区自组织规模逐渐扩大、数量不断增加，T 社区营造团队对于自组织的培育模式和自组织的社区参与能力也发生了变化，社区自组织协商平台的建立是重要体现之一。XHY 社区自组织协商平台是由专业团队辅导，自下而上形成的社区协商平台。

2017 年末，民生会项目启动后，根据前三届微创投项目的经验和民生会期间半月一次讨论会的沟通交流，XHY 社区四个自组织在各自设计活动时，发现人手不够、活动经费不足、居委会活动场地难以协调等问题可以通过合办活动的方式来解决，于是产生了联合申报项目的想法，并得到了社区和 T 社区营造团队的肯定。经过辅导，四个自组织成立了联合活动核心组，协力完成了人员分工、经费统筹、活动程序安排等工作，最终圆满完成了一次大规模活动，为协商平台的搭建打下了良好的基础。此举也启发其他社区自组织之间的交流合作，在参与过程中凝聚合力，实现协作。

平台搭建后，社区自组织在每一次协商中与社区两委一站、T 社区营造团队等主体交换意见，统筹设计活动并加以实践。社区两委一站提供资源支持并对自组织的工作进行监督，T 社区营造团队则继续发挥培力与陪伴的作用。围绕社区需求和组织自身目标，XHY 社区四个自组织的参与和协商呈现规范、积极、有序的面貌。

为了将社区自组织协商平台建设提上日程，除了自组织有意识、有需求之外，社区两委一站的支持与配合也同样重要。XHY 社区四个自组织在过往活动中一直和社区保持充分的沟通，两委一站亦在场地、物资方面为自组织提供支持。这使得 T 社区营造团队能够较为顺利地推动 XHY 社区自组织协商平台的搭建工作。

自组织在实施项目过程中，产生了资源共享、交流沟通的需求与共识，社区自组织协商平台应运而生。一方面，协商平台可以提高自组织在项目之外日常的活跃度，促进社区居民的组织化参与，形成相应的参与规范；另一方面，协商平台能更有效地利用社区内部资源，聚焦本社区居民需求，自组织有效地为社区居民提供服务。社区自组织协商平台的搭建，也说明通过社区营造工作的长期培力辅导，社区居民确实有从能人发展到自组织再发展成为自组织协商平台的可能性，从而实现参与社区公共事务、议事协商。

四 社区协商机制的构建

（一）新建小区协商机制建设的难点

在以社区营造为手段推进社区参与和议事协商的过程中，两个社区虽然都以社区营造的专业方法并在居民中营造社区认同感，确保居民参与的积极性，也注重促进协商主体的多元和协商过程的开放等方面工作，却产生截然不同的结果，JT小区遭遇了新建小区协商机制建设的难点。

1. 自组织的合法性困境

服务团配合社区营造工作的推进，加入社区的协商议事，集体行动的效能有所提高，但在以维权为目的的协商过程中，服务团合法性地位的模糊令自身发展和整个社区协商都陷入了瓶颈。服务团代表社区居民及其他自组织参与协商，遭遇了合法性的现实性困扰，其在事实上起着前期业委会的作用，却没有业委会的合法身份，选举过程也有别于业委会的选举过程。这就导致服务团对自组织外部的动员能力有限，一方面部分没有加入服务团的居民并不认可服务团成为自身利益的代表，并质疑服务团参与协商的动机；另一方面在参与协商的过程中，也较难获得其他协商主体的尊重，影响力甚微，往往还面临其他主体的防备心理。

服务团是在X社区营造团队的指导下成立的，作为一个自组织，其产生并非典型的自下而上模式，没有充分的权力来制定自身规范。同时，服务团的能人也面临来自各方的掣肘，能人在自组织中的权威被稀释，很大程度上只能遵从X社区营造团队的引导。服务团在获取资源、提升组织能力、影响议事规则等方面举步维艰。

2. 自组织的能力缺失

服务团自身能力的局限影响了其参与社区协商的效果,其能力的困境体现在以下三个方面。一是无法联合社区内部的其他自组织共同参与到社区协商的过程中,缺乏执行力,不能整合各个自组织,以自组织的行动实现协商过程中的各项主张,各个自组织亦无法以服务团为网络中心通过联合行动发挥作用。二是经验不足,自组织的参与能力、协商能力需要相当长时间的培育。在JT小区,由于居民对后期维护和物业管理等方面的需求,服务团过早承担了与开发商、物业等主体议事协商维护业主权益的职能。虽然服务团中不乏维权方面的能人,但整个组织参与社区冲突调解处于初步阶段,其协商方式较为单一,自组织积累的经验有限,服务团实际上并不具备执行公共事务的能力。三是在自组织能力尚未成熟的情况下,X社区营造团队考虑到作为出资方的开发商等种种因素,本身也无法独立为社区自组织培育提供支持,还要尽量维持社区内相对平和的环境,这也导致原本想要以集体行动与开发商和物业公司协商的服务团受到一定限制,最终只能反复向开发商、物业公司提要求,在开发商、物业公司拖延问题时,没有任何应对策略,协商结果无法执行。

3. 社区社会资本匮乏

JT小区作为新建商品房小区,外来人口占比较大,社区居民缺乏对社区的认同感与归属感,对社区发展缺乏关心。JT小区前期开展的大量社区营造工作在凝聚社区居民、提升参与意识与促进社区信任方面起到了一定的作用。但由于社区内物业管理、公共空间运营、房屋维护等大量亟待解决的公共事务被各方拖延,新建小区来之不易的社区信任和认同逐渐被消解,社区营造工作也不得不放缓步伐。这不仅影响居民加入自组织的自觉性,更制约了其参与社区活动的主动性与积极性,甚至与自组织产生冲突,这都进一步加剧了社区内自组织参与社区协商的困难。服务团的各种主张不仅没有人能够负责执行,甚至会遭到反对。对于自组织在协商过程中表现出的需求,社区内较低的信任程度和互惠网络不足以让组织成员和居民动用自身的资源来解决问题。同时，社区居委会尚处于筹建状态，协商机制亦缺乏来自行政支持的正式规范。新建小区在构建有效的协商机制时，往往因较低的社会资本存量而面临挑战。

与此同时，服务团对公共事务的关注集中在房屋维护、物业管理以及小区周边配套等硬件问题，忽视了社区内差异化的需求，尤其是能够为社区公共事务提供助力的其他自组织的需求，导致各自组织无法形成合力，其互惠行为只能在组织内部实现。各自组织也不能通过社区内的协商机制有效配置资源，社区的关键成员虽然都聚集在服务团当中，却无法通过服务团推动社区内自组织的联合，自组织之间互惠和信任的网络无法打通，社会资本积累的过程中断，服务团难以通过联合其他自组织提升与其他协商主体博弈的资本。

（二）社区协商机制对比

对比社区协商机制的发展状况，两个社区在各个方面均存在一定的差异。

从两个社区原有的社会资本存量来看，JT小区服务团的社区社会资本基于集中装修期间新居互助团之间广泛的互惠网络，小区居民在此期间通过分享知识和资源，形成了初步的信任关系，为服务团的建立打下基础。但后期这一互惠网络却没有更进一步的深入和扩张。XHY社区的居民在胡同里长时间的交往形成了邻里之间的信任关系，又在T社区营造团队长时间的自组织培育工作中进一步加深了彼此的了解，使得联合会的成立水到渠成。

从协商平台的促成方式来看，两个社区协商机制的形成虽然都与社区营造团队有很大的关系，但JT小区的服务团议事会从人员的组织到规则的确立，事实上是由X社区营造团队主导的。XHY社区联合会的产生则基于自组织在一次又一次的社区活动中总结经验，交流沟通会经由T社区营造团队的辅导和社区的支持自下而上建立。

从协商主体之间的利益关系和协商议题来看，JT小区的多方协商包括服务团、X社区营造团队、居委会筹建组、开发商以及小区物业，但由于入住后大量公共事务集中出现，协商的议题集中在与日常生活密切相关的房屋维护和物业问题上，出现了一定的摩擦。XHY 社区的议题则主要集中在如何做好社区活动，目标一致，达成了社区支持、T 社区营造团队辅导、自组织实施的共识，呈现合作关系。

从协商载体来看，JT 小区服务团有例会的内部协商过程，和其他主体间的协商则在沟通会和小区微信群以及专门为小区开发的 App 中实现，最主要的载体是多方沟通会。XHY 社区的自组织联合会则将固定时间的自组织协商会作为协商的载体，此外，自组织也有自己的组织微信群，自组织成员也可在其中实现内部协商。两个社区都运用了线上线下结合的参与方式，区别在于 XHY 社区的微信群为自组织微信群，群成员均为能够参与活动的自组织成员，避免了一般的社区微信群居民只说不做的状况。

从协商程序来看，JT 小区营造团队从进驻伊始便致力于推动社区居民学习专业的罗伯特议事规则，确保每次会议的有序合理，X 社区营造团队也在当中起到了监督作用。但随着居民对开发商的信任丧失，X 社区营造团队在某种层面从监督变成了为开发商代言，反而开始干涉居民的协商，协商程序自然也失去了效用。XHY 社区自组织协商会的程序则借鉴了 T 社区营造团队举办微创投项目时培力公坊的形式，自组织分享、汇报工作进度，两委一站和营造团队答疑并给出建议，同时共同制定下一步规划，程序简捷有效。

从协商成效来看，协商的目的在于使结果能够有所用，但由于协商议题性质的不同，两个社区协商结果的运用是不同的。JT 小区的协商结果由于各方都无法有效执行，协商机制暂停运转，服务团内部各个自组织的负责人也并没有通过服务团使各自组织串联起来，实现资源的整合与分配。XHY 社区则通过协商来确定资金、场地等资源的运用以及不同类型的自组织如何最大限度地发挥自身的优势为社区服务，协商的内容集中在能够通过行动达成的层面，提升自组织本身能力的同时促进社区多元治理的转向，达到了协商的目的。

（三）社区协商机制的构建措施

从两个社区之间协商机制的对比可以发现，与 JT 小区相比，D 街道

XHY社区能够自下而上地联合并参与到协商当中，和D街道社区营造团队在当地开展的长期持续的自组织培育工作密切相关：自组织培育过程中，各主体之间的多方协作是建立社区协商机制的基础；社区营造团队的长期陪伴是提高自组织参与水平的前提；尊重居民意愿、重视社区需求的培育理念是增强自组织参与意识的核心；授人以渔的培育方式则是提升自组织议事协商能力的关键。同时，D街道基层政府、社区两委一站的配合也起到了重要的作用。这为目前像JT小区一样协商机制建设遇到困难的社区提供了一定的经验。

1. 构建社区资本，激发居民参与

打通居民间、组织间的网络，营造社区共同体意识，是居民及自组织积极参与协商的前提。不论是新建小区还是老旧城区，唯有社区居民彼此信任，愿意合作，才能够出于共同目标形成自组织，才能推动社区协商。居民在组织化地参与公共事务的过程中，既能满足自身的需要，也能获得成就感。在实践过程中居民及自组织的合作能力得到锻炼，并通过长期频繁的交流和互惠，唤起社区共同感。从社区营造的经验来看，挖掘社区能人在构建社区社会资本过程中起关键性作用，社区能人在动员其他居民和运用社会资源方面都能发挥自身优势，以社区能人为中心，自组织亦能得到进一步发展，逐渐形成非正式规范。社区社会资本也能够使自组织更灵活地分配资源、解决冲突，更大限度地激发居民、自组织对社区和组织的认同。

2. 加强组织培育，注重能力培植

对于深入社区的外来社会组织，必须尽早完成对社区能人及自组织团队能力的训练，使其具备应对突发事件和解决公共事务的能力，社区协商机制应当是在自组织有能力的前提下自下而上建立的，协商能力不足可能会导致协商过程的不平等，外来团队的主要任务是培育而非服务。具体到JT小区而言，社区营造团队应当加强对自组织能力的培育，组织居民并引导自组织关注公共事务，通过长期的培育与陪伴，增强居民的社区参与意识，使自组织获得自下而上的参与和协商的能力。依托自组织培育工作，重构社区内信任、规范、互惠等层面的社会资本。

同时，不论是政府还是开发商购买服务的外来社会组织，在实务工作中外来团队都应当注重保持自身的独立性，一旦与其他主体产生利益纠葛，外来团队将难以得到社区居民和自组织的信任，对自组织培育工作和社区社会资本的构建都将造成不必要的阻碍。

3. 建立规章制度，确保协商成效

社区协商应当被纳入制度轨道，从协商主体、动员方式、协商程序和后续实施等方面建立相应制度规范，确保自组织在社区协商中的合法性。社区"两委"尤其要关注民意诉求并对协商成效进行监督，使得居委会、开发商、物业、自组织等主体共同参与的协商平台能够合理运行，避免协商仅仅成为形式。自组织作为协商主体之一，应参与到规范制定的过程当中，既要确保内部规范的合理有序，也要在协商过程中充分保持主动。值得注意的是，协商机制除了涉及社区内的日常事务，也要涵盖随时可能出现的突发性事件，不同内容需要不同的应对程序。针对各类纠纷和诉求，通过合理有效的形式促成各主体直接沟通，有效协商，达成妥协或行动的共识并迅速实施。

五 结语

在 D 街道 XHY 社区的案例中，自组织的良性发展和协商平台的搭建，与政府邀请 T 大学社区营造团队进入社区开展自组织培育工作有直接关系。团队基于专业理念与扎实的社区调研，设计出切合当地实际情况的自组织培育路径，开展了长期的培育工作，取得了阶段性的成果，亦有可供其他社区参考的经验。JT 小区在居民尚未入住之前便积极开展了社区营造工作，在前期也收获了一定的成果，但由于新建小区各类公共议题的迫切性，自组织过早地加入了协商过程，尚未培养出自下而上的协商能力，各个自组织之间也没有形成合力，提出的诉求难以被满足。此外，社区营造团队的独立性亦没有得到保障，其自身的两难境地使得自组织培育工作无法持续。新建小区的社区营造工作还需不断深入，以自组织培育为首要目标，使社区自组织能够在具备足够能力的前提下平等参与协商。

  城市社会治理是极为复杂的过程。本章从两个典型的城市社区治理实践入手，通过对两个案例的比较研究，展现了自组织参与社区治理的过程。整体来看，社区居民及自组织完全有实现社区参与和协商治理的可能，这一可能的关键在于组织能力的培植和社区社会资本的构建。社区协商民主的发展也可以加强居民及自组织的相互信任与合作，培养公共精神，推动基层治理。虽然自治型治理模式难以在短时间内达成，但能够推动强国家弱社会的政府主导型治理模式逐步向合作型治理模式转变，城市社区治理有力度亦有温度。

社会组织参与社区协商治理研究[*]

——以北京市 F 和 Z 社区议事会为例

一　导言

2013年党的十八届三中全会通过的《中共中央关于全面深化改革若干重大问题的决定》[①]指出："协商民主是我国社会主义民主政治的特有形式和独特优势。"协商民主是广大人民群众参与社会发展的重要途径，体现了我国民主政治制度中多主体协同参与协调决策的特点，正是这一特点使得协商民主能够在基层社会治理中凸显作用。2015年中共中央印发的《关于加强社会主义协商民主建设的意见》[②]以及中共中央办公厅、国务院办公厅联合印发的《关于加强城乡社区协商的意见》[③]，不仅正式提出"城乡社区协商""基层协商"的概念，而且通过中央文件形式正式确立了基层协商这一制度安排。2019年，党的十九届四中全会提出要坚持和完善共建共治共享的社会治理制度，保持社会稳定、维护国家安全，并提出"建设人人有责、

---

[*] 原文载于《2021年北京社会建设分析报告》，社会科学文献出版社，2021，本文与张雨薇、张晨怡合著。

[①] 《中共中央关于全面深化改革若干重大问题的决定》，中央政府门户网站，http：//www.gov.cn/jrzg/2013-11/15/content_2528179.htm，2013年11月15日。

[②] 《中共中央印发〈关于加强社会主义协商民主建设的意见〉》，中央政府门户网站，http：//www.gov.cn/xinwen/2015-02/09/content_2816784.htm，2015年2月9日。

[③] 《中共中央办公厅、国务院办公厅印发〈关于加强城乡社区协商的意见〉》，中央政府门户网站，http：//www.gov.cn/zhengce/2015-07/22/content_2900883.htm，2015年7月22日。

人人尽责、人人享有的社会治理共同体"的治理要求。2020年10月中国共产党第十九届中央委员会第五次全体会议研究关于制定国民经济和社会发展第十四个五年规划时,提出了"社会治理特别是基层治理水平明显提高"的发展目标。必须加强和创新社会治理,完善党委领导、政府负责、民主协商、社会协同、公众参与、法治保障、科技支撑的社会治理体系,确保人民安居乐业、社会安定有序。社会治理共同体的根本在基层社区,社区兜底工作对于推进国家治理体系和治理能力现代化具有基础性作用。

议事协商背后蕴含着多主体的参与,涉及的是各方的切身利益,提供了一个沟通与协调的平台,不同利益主体达成共识,实现和谐社会的建设。城乡社区议事协商是基层群众参与社会治理的实践,是社会主义协商民主建设的重要组成部分。议事协商能够将群众最关心、最急迫的问题暴露出来,找到解决实际问题和实际困难的最大公约数。议事协商能够通过平等对话、讨论的方式最大可能地协调社会转型过程中不同群体之间的利益关系,促进社区治理和谐、健康发展,聚集各方力量推动各项政策的实施。本章希望通过对B市F社区和Z社区议事协商平台的搭建和运行过程展开研究,对培育社区社会资本以推动大都市基层协商治理的过程进行阐释。

二 文献回顾

(一)社会资本的概念溯源

社会资本概念由布迪厄在1916年提出,并在他和科尔曼等学者的开拓研究基础上,成为现代学术领域的重要理论。社会资本这一概念的核心意涵就是"一个相对稳定持续互动的社会网络具有价值",布迪厄在《资本的形式》中根据资本的表现形态将其分为文化资本、经济资本和社会资本,并对社会资本进行了概念上的界定。布迪厄认为社会资本是一种实际或潜在的人们之间被制度化的持续性认识关系的集合体。在这样的关系网络中每个成员都具有一种"集体共有的"资本①，并且这种资本能够给每一个成员提供社会网络上的支持。总的来说，布迪厄认为社会资本存在于个人和组织的社会关系网络中，能够给关系网络中的成员实现其目标带来积极效益。

科尔曼在功能方面对社会资本进行了界定，他将社会资本理解成一种存在于社会关系内部结构，并能够为社会结构内部的人提供实现其具体目标的便利的无形之物，具体体现为人与人之间的社会关系。科尔曼和布迪厄对于社会资本的理解具有内在统一性，都认为社会资本与人力资本、经济资本一样能够为社会成员的活动和目标提供便利。

随后，帕特南探讨社会资本和社会发展之间的关系，将社会资本这一概念引入了公共管理的研究领域。首先，帕特南也认同社会资本是一种"个人之间的相互联系"，即"社会网络乃至网络中形成的互惠规范与信赖"。帕特南在《独自打保龄》一书中，通过持续研究美国的社区生活指出：社会资本的逐渐流失，会产生一系列社会问题，最终将影响并作用在人类的社会生活中。

他通过对意大利社区的深入研究，指出社会资本是一种包含信任、规范与网络等内容的组织性特征。在互动过程中社会资本被人们看成是个体行为的担保品，因此能够促进人与人之间的自愿合作，进而提高社会效率；即社会资本能作为一种"道德资源"，帮助群体克服"集体行动困境"，也就是避免产生因为个人理性利己行为而造成群体层面非理性的后果。从社会具备的组织资源方面来说，信任、规范与网络是社会资本的组成要素，形成后具有良性互动的结果，社会资本三维变量在社区中体现为社区信任、社区规范和社区网络。②

（二）城市社区治理研究回顾

根据对中国城市社区治理文献的回顾，过去十年中城市社区治理的研究

---

① 胡炜、高英策：《非营利中介：社会资本视角下社会组织的一种公共事业参与模式》，《浙江社会科学》2020年第12期。
② 李振锋、张弛：《城市社区治理中的虚拟社群参与——基于对城市更新中虚拟社群的考察》，《治理研究》2020年第4期。

集中于社区服务、社区民主、治理模式和治理能力四个主要议题。

有学者从国家治理体系和治理能力现代化的战略高度，立足于我国城市社会治理的实际，通过梳理改革开放40年来中国城市社区发展的基本脉络，探索我国城市社区治理的推进思路和具体路径。

有学者从城市更新和社区营造的理论和方法的视角出发，提出社区营造整体治理模式的实践操作方法与发展理念，并以此探索社区治理的创新方式。[1]

有研究者基于对城市更新中虚拟社群的个案研究，提出作为社区治理的参与者，虚拟社群有着不同于实体组织的运作逻辑，对虚拟社群参与城市基层治理的研究，有助于加强现代信息技术在社区治理中的支撑作用，促进社区治理现代化水平的提升。[2]

有学者从大都市政府治理的视角出发，提出大都市政府治理机制创新，需要推动政府治理机制运行价值取向的转变、促进多元主体的合作、有效回应大都市发展的现实需要的同时，更要关注社会公众的需求，最终实现大都市人口、自然与社会的和谐发展。[3] 基于社区实证研究，提出基层政府的社区治理目标在于缓解公权力与自治权的张力，实现基层治理职能的最优配置。并提出未来基层社会治理能力建设的可能方向是：基于放权、共识、民主协商等理念，通过自治、法治、德治，培育有行动力的基层社会网络，促推"强政府"和"强社会"的协同共赢。[4]

---

[1] 唐亚林、钱坤：《"找回居民"：专家介入与城市基层治理模式创新的内生动力再造》，《学术月刊》2020年第1期。
[2] 李振锋、张弛：《城市社区治理中的虚拟社群参与——基于对城市更新中虚拟社群的考察》，《治理研究》2020年第4期。
[3] 易承志：《大都市发展转型背景下的政府治理法治化》，《复旦城市治理评论》2017年第1期。
[4] 曾莉、李佳：《城市社区治理中的基层政府行为：行政主导抑或合作共治——来自上海市P社区的田野调查》，《学习论坛》2020年第7期。

三 案例分析——北京市F社区和Z社区议事协商平台的搭建

（一）老旧小区议事协商平台的搭建

Z社区是一个典型的高密度老旧型社区，建于2001年，总户数达2600余户，常住居民有8000余人，社区居民构成复杂。同时，该社区房屋产权形式多样，房屋后期缺乏养护，因此产生了小区环境卫生差、小区内商户与住户固有的矛盾凸显、购房者与租房者关系紧张等问题。加之社区物业公司与业主之间的矛盾尖锐，双方甚至多次诉诸公堂。因此，面对诸多问题，如何解决社区已有的矛盾、保障社区居民的基本权利、搭建民意表达渠道等都是基层相关部门需要考虑的首要问题。为此，T街道购买了A社工机构为期一年的服务，服务要求该机构在2020~2021年，在Z社区搭建社区议事协商厅，改善并解决Z社区现有的各种问题。

1. 组织动员居民

由于之前居民与物业公司、居委会等关系相对欠佳，因此，A社工机构初次进入该社区的时候遇到了相当大的阻力。社工机构的工作人员表示：

我们贴在小区门口的入群通知，居民看到就撕，明确表示不愿意进群，因为已经有很多社区相关的群了。并且，他们也不愿意参加活动，或者接受我们的服务。因为，居民通常遇到事情不是打12345热线，就是通过在政府的门户网站下留言来解决。因此，前期的进入工作遇到了极大的困难。所以，我们在继续动员居民入群的同时，设计了一些适合全家参与的活动，尤其通过吸引孩子的参与，将大人聚集在一起。

对此，街道在为居民提供活动场地、表演机会的同时，还为各个兴趣团队提供经济支持及专业指导。在社区层面，社区居委会通常选取各类节假日，如六一儿童节、中秋、寒暑假等分别开展各类活动，包括各种亲子活动、商居亲邻文化节，未成年人、残疾人法律援助，老年人健康义诊等。同时，在社区内组织文艺演出、体育活动等，将社区内的各类群体联系起来，编织成一个巨大的关系网络。

同时，积极发挥党员带头作用。在组织活动的过程中，社工机构发现了一些关键群体，即热心居民。部分退休的党员、退伍军人成为社区公共事务的积极行动者。这些热心居民不但愿意为社区办实事，而且在社区中拥有较高的声望。因此，这些热心居民就成为社区居民与居委会之间的一个重要桥梁。访谈中社区的主任表示：

这些热心居民是我们社区建设的中坚力量，他们的很多行动会在潜移默化中影响并改变社区其他的居民，而且这些热心居民平时也喜欢和我们交流沟通，有空就会过来，有什么事也会和我们反馈，有什么活动也都是主动参与。我们有个单元楼的热心居民，每周二、周六都会在楼门群里问大家是否有有害垃圾，然后上门回收。所以，我们社区充分挖掘这些热心居民，给他们制作了一个通讯录，有什么活动、事情也都会首先邀请他们。年末的时候，我们会对这些热心积极的居民给予一些奖励，比如给他们颁发奖状之类的，虽然不是什么物质上的奖励，但也是对这些热心居民行为的一种高度认可。

2.确定议事项目

征集民意是开展协商的前提。Z社区充分运用"开放空间技术"，组织居民会议，具体做法是：社区书记、工作人员召集居民代表、楼门长、热心居民等参加会议，社工机构负责组织并主持会议，现场采取开放空间和参与式培训等新鲜有趣的形式，社区居民作为协商议事的主体充分发挥作用，结合社区内有待提升的短板以及收集到的社区居民反馈进行需求梳理和意见征集。同时让居民从自身的角度出发，对社区需求进行排序，并以投票的形式选出最有可行性的整改行动方案，真正实现"社区的事大家管、大家议、大家办"。

接着，将居民提供的需求进行排序，并整合成"物业管理""环境卫生""停车管理"三大类，邀请参会居民针对不同类型的需求成立讨论组，由一名居民自愿报名成为组长，其他居民则根据自己的兴趣和关心程度自由选择加入哪组进行讨论。组内成员要针对问题的解决方案进行讨论，并在半个小时内提出解决问题的对策建议，再由组员按照每人三票，投票选出大家认为具有可执行性的整改落实方案。

对于能够达成统一意见的事项，通常由居委会、A社工机构负责落实，具体包括对于相关决议的整理、公示，对于相关方操作执行的监督、对监督结果的反馈与公示，收集居民对该项决策的反馈等。[1] 这意味着协商民主的议事平台逐步成为一个独立的、直接对居民负责的自治组织。

3. 平台初步搭建

为了解决居民提出的需求，社工机构构建了"街—社—网—楼"纵向管理的四级网络治理体系，街道负责牵头、统筹指挥；在社区实行网格化精细管理，将城市管理网络由街道、社区层面延伸到楼门长层面，以小区楼栋、单元为单位，每个单元由群众推荐、居民自荐产生一名楼门长，通过"单元楼门长"有效分解社区服务工作，探索社区精细化治理创新，破解基层治理的"最后一百米"难题。

同时，楼门长会将日常巡查发现的问题和居民提出的诉求首先反映给社区，与社区共同处理，遇到社区解决不了的，上报街道，由街道协调区相关职能部门解决。单元楼门长也积极向居民传达街道相关政策精神，对单元楼居民进行培训，从防火防盗、禁燃禁放到创建文明城区，认真落实街道、社区部署，环环相扣，各负其责，形成工作闭环，打造共建、共管的良好局面，共同推动基层治理和社区建设。

4. 促进社区参与

社区治理作为社区层面的集体行动，要求所有行动主体共同参与社区事务并在参与过程中积极沟通与合作。在社区治理过程中，良好的治理、行动主体的共同参与不但能够促进社区关系网络的形成，还能增加社会资本、形成治理规范。

---

[1] 王天夫、郭心怡、王碧妍：《城市社区协商民主的机制、价值和发展路径》，《东北师大学报》（哲学社会科学版）2021年第1期。

首先，积极参与、相互沟通、共同协商是社区治理的基础，不同治理主体的积极参与、居民的主动反馈与交流能够建立起更多横向结构的居民组织，为不同的治理主体之间搭建沟通的平台。因此，社工机构邀请辖区商户共同参与社区治理，驻站社工发挥协同作用，协助设计新颖活动，利用"商居联盟"资源，建立一套党建引领、公益推动、商居互助的社区治理模式，共同提供具有鲜明特色的公益服务：通过专业社工带领居民学习《物业管理条例》，协助社区收集居民关于召开业主大会、成立业委会的相关意见，开展邻里活动等动员居民参与社区事务。

其次，由于该社区已有部分活跃的自组织，通过对这些自组织的动员与吸纳，该社区又吸引了部分能人及社区积极分子加入，这使得该社区的社会资本迅速增长，社区治理进入良性运转的轨道。同年该社区引入由街道发起成立的社区社会组织联合会的服务，联合会由另一家专业的 B 社工机构运营。社区通过与 B 社工机构的合作，成功孵化并注册一些社区自组织。通过提供一系列资金及专业指导，这些社区自组织逐步发展和壮大，最终实现良性运转。多方共同发力，解决社区议事协商项目在执行中存在的困难，将有共同兴趣、热心公益的居民聚集起来并吸纳进社区议事协商项目中，促进该社区社会资本的持续增长。

最后，议事协商想要真正发挥作用，还需有制度保障，有不断提升工作动力的长效机制。为此，Z 社区通过荣誉引领，对事迹突出、发挥作用较好的楼门长进行表彰，从而激发楼门长的工作热情，引导、鼓励楼门长更加积极主动地参与社区治理工作。

（二）新建商品房小区议事协商平台的搭建

F 社区是一个新社区，社区建筑面积 168952 平方米，占地面积 90063 平方米，辖区共包含两个小区，共有 25 栋楼、26 个单元。居民以 19~45 岁的中青年为主，社区居民受教育水平较高，且党员基础好。

C 社工机构自 2020 年 6 月起，首先对社区的基本情况进行全面的了解和认识，通过对社区"人、事、物"等各种信息的掌握，利用正式和非正式的渠道了解社区现状和问题,细分各类群体的社区需求。其中,非正式渠道以居民闲聊为主,正式渠道详见图 1。

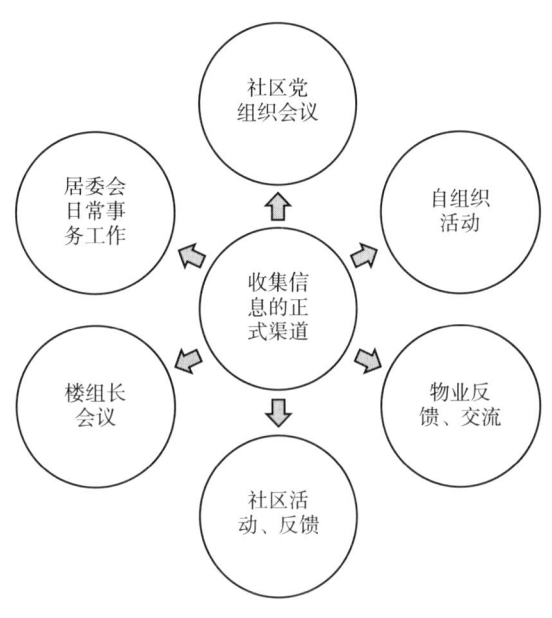

图 1 收集信息的正式渠道

最终,通过对居民真实需求状况的汇总,得出如表 1 所示的结论。

表 1 居民真实的需求状况

问题分类	具体表现
社会资本存量低	社区居民参与社区活动较少
	居民社区服务事务参与度较低
沟通渠道缺乏	社区居民沟通渠道不顺畅
公共事务问题	物业服务不到位
	社区公益类组织较少
	不文明养犬、垃圾分类不到位等

在此基础上,C 社工机构做实网格治理,建立社区、片区、楼栋三级管理网络,明确网格社工和楼栋长的职责,建立系统化管理制度;搭建社

区议事厅，针对居民需求召开社区议事会，组织开展议事协商解决居民反映的问题；开展社区自组织需求调研，培育多种类型组织，注重培养社区社会组织服务性。通过议事协商、社区活动、社区个案咨询与个案工作、小组活动等调动居民参与社区事务的积极性；通过议事协商多元主体参与，将社区居委会、物业、居民代表组织在一起，开展物业问题议事协商；建立文明养犬队伍和垃圾分类队伍，形成社区文明养犬、垃圾分类规范；组织召开物业问题议事协商会，及时有效地解决居民物业问题。其具体措施如下。

1. 以问题引发居民关注

C社工机构积极探索"专业服务+普适性服务"的工作模式，社工机构的驻站社工为街道、社区居民提供专业的服务与帮助，社区自组织为社区居民提供普适性的服务，积极挖掘并培养居民骨干、社区自组织、楼门长等。同时，根据问卷调查的结果，该机构从社区居民最关心的基本问题出发，以服务清单的方式引发社区居民的共同关注，并根据具体的问题明确目标、预期、方向等。通过设计一些居民感兴趣且愿意参加的活动引导居民参与社区治理和服务，在此过程中，将一些积极分子培育成社区治理的骨干。

2. 搭建社区议事协商平台

社区议事协商厅的顺利开展需要居民的共同参与。为此，C社工机构通过社区居委会、居民骨干、社区自组织，利用海报、微信等向居民宣传即将开展的活动，其策略包括：依托各类宣传手段引起居民对社区问题的关注；将工作目标与居民利益相结合，提升居民的参与意愿；为居民提供培训提高居民社区参与能力。在"大家的事情大家办"这一原则下，就具体内容向居民进行倡导，明确活动的实施主体，并依照工作计划动员居民共同开展自治行动。

同时，为了让协商议事真正落地实践，动员居民有序、科学、发展性参与，服务社区大众，F社区居委会、社区社工站举办社区议事厅、楼门议事会骨干成员培训，共有10位试点楼门议事会楼门长参与培训。

在进行了广泛的社区公共议题征集后,召开社区议事协商会议,参与者涵盖社区居委会相关负责人、物业、楼门长、党组织、社区骨干、社区文化队伍负责人等。该议事平台遵循罗伯特议事规则。议事协商厅基本形成了一个多元参与平台,并逐渐形成常态化协商机制。楼门长汇报自己在楼栋中收集的问题供大家讨论,商议问题解决办法,一事一议,推动议事机制常态化。同时结合部门联席会议,明确相关方的责任和工作内容,解决相应问题,让社区事务议而有决、议而有解。

对此,F社区的议事协商厅采取参与表决制度,该制度规定:涉及社区居民共同利益以及物业公司、商户等内在机构的相关事情,需要广泛征集并吸纳居民参与讨论和表决,2/3以上通过可形成决定,表决结果需要通过各种途径向全体社区成员通报。在议事协商达成一致后,F社区议事协商会监督协商结果的落实,具体过程见图2。

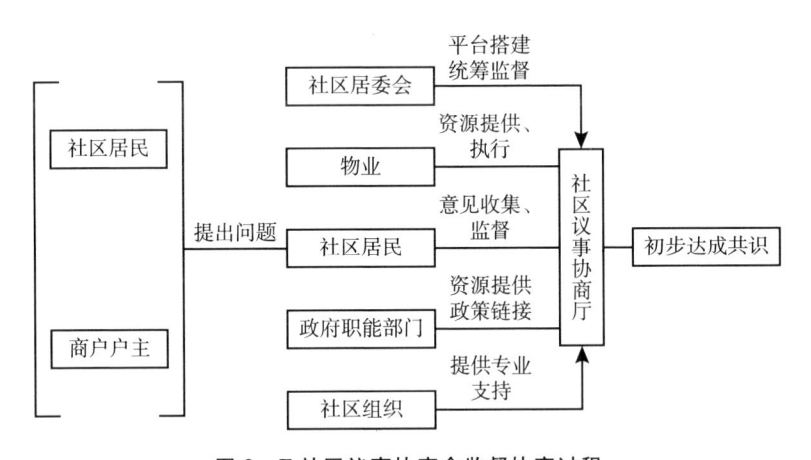

图 2　F 社区议事协商会监督协商过程

3.社区自组织的培育

在早期阶段,F社区基于前期扎实的调查,设计了各种各样的活动,引导最初想参与社区活动或者有意愿参与社区活动的居民走出家门,参与社区活动。在这些活动中,F社区挖掘到一批居民骨干,通过培养让其成为社区治理工作的带头人,并由这些居民骨干自发组织成立新的社区自组织。

由于该社区居民相对年轻，该社区组织的活动大多以插花、制作风筝等符合该社区年轻化特征的活动为主，逐渐让居民走出"小家"，加入"大家"中，成立社区自组织。这些活动与自组织的构建与培养，逐渐形成了新的社区互助支持网络。让社区居民以组织者的形式参与到社区治理中，并在参与过程中逐步培养他们对社区网络的价值感。

同时，该机构选取各类节假日，如春节、植树节、五一劳动节等按主题及人群分别开展对应的活动，包括退伍军人走进社区议事厅、亲子夏令营、"保护环境我们在努力"等。通过各种自组织活动，努力将社区内的各类群体汇聚到一个活跃且高效的社区网络中。

四 在社区议事协商中培育社区社会资本

上述两个不同类型社区的实证研究表明，社区内的居民参与议事协商的活跃度与社会资本呈正向相关性，在一个社区内，社会资本越丰厚，社区内的居民就越有可能被吸纳进社区各项公共事务的共同治理中。因此，培育社区社会资本，动员数量多、范围广的居民参与到社区事务中，激发他们参与社区议事协商的兴趣，是大都市社区治理的一条重要路径。

（一）社区信任的培育与重建

Z社区作为一个人口密度高的老旧小区，居民与物业公司、居委会之间缺乏沟通与信任。较低的社会资本存量也给A社工机构一开始的介入工作带来重重阻力。随着社区各项兴趣活动和公益活动的开展，热心居民成为重建居民与社区其他利益群体之间信任关系的重要桥梁和纽带。相较于新型商品房社区，老旧小区居民之间熟悉度和互动频率都要更高一些。一旦热心居民行动起来，就很容易引发周边邻里的认同和参与，在持续的良性沟通和互动中，社区中原本遗失了的信任关系被重新建立起来。因此，对于那些矛盾较多、信任感较弱的老旧小区而言，通过社区活动和议事协商，发掘和赋能热心居民、激励热心居民的社区参与，成为重建社区信任关系的重要手段。

而从 F 社区的案例来看，对于居民以中产阶级为主体的新建商品房小区，居民较高的受教育水平和职业声望，以及较规范的物业管理是其优势，然而相较于老旧小区所拥有的熟人社会，其信任关系也较为薄弱。因此，社区的制度建设成为增进社区信任的重要保障。通过三级网格治理、社区自组织培育和社区议事协商制度建设，为居民参与社区公共事务和持续互动提供了契机，极大地推动了居民之间以及居民与相关利益群体之间的沟通交流与信任合作。

（二）社区规范的养成与建立

议事协商平台搭建的过程也是社区规范逐步形成的过程。在议事过程中所使用的方法本身就内含民主、平等、沟通、理性、自治的价值与规范。因此，在这一层面，也可以认为议事协商只是解决社区公共事务的一种手段和路径，而达成价值共识，并通过行动将价值内化为居民个人和社区的规范，才是议事协商最终的目的。

Z 社区在议事协商平台搭建前期所运用的"开放空间"，以及 F 社区运用的"罗伯特议事规则"都是此类简单而有效的技术，这两种技术早已在中国许多城市社区中推广运用。无论是在"开放空间"还是"罗伯特议事规则"中，社区生活中存在的各种问题以和平理性的方式被居民充分表达出来，并对需要改进的议题按轻重缓急进行排序。在畅所欲言的同时，居民也开始提供整改的可行性方案。在方案以民主程序加以确立并审批通过后，由居民、居委会和社工机构共同负责执行。居民在此过程中从社区福利的接受者和社区秩序的被管理者，转变成社区事务的参与者、公共物品的提供者和社区规范的创建者。社区民主自治和互惠共赢的规范也在议事协商的过程中逐步培养起来。

（三）社区网络的形成

议事协商平台的搭建，还盘活了社区内不同利益团体的资源，促进了平行的社区网络的形成。在社区议事协商平台上，街道办事处、社区居委会、社区党组织、物业公司、社工机构、社区社会组织构成了提供社区公共服务、解决社区公共事务的有效网络。这些网络把社区中具有不同经济、社会和政治背景的人联系起来。居民可以在这个平行的网络中为解决不同的议题找寻到各类资源支持。而在居民与这些利益相关团体的持续互动中，社区网络的密度和范围都将不断增大，一个良性运转的对社会有益的桥接式社会资本在此过程中迅速增长。

除了上述平行的社区网络之外，依据中国自身独有的政治环境与社会现实，社区中还存在自上而下建立起来的纵向管理的网络治理体系。这一体系为嵌入其中的平行网络提供政策与技术的支持与保障。

五　结语

综合以上对社区议事协商组织的论述，针对大都市基层社会中的民主协商和社区治理可以得到以下几点启发。

1. 发挥基层党组织的领导作用

《关于加强城乡社区协商的意见》明确指出，加强城乡社区协商的目标是健全基层党组织领导的充满活力的基层群众自治机制，为实现这一目标不仅要坚持党的领导地位，也要充分发挥基层党组织在协商治理中的核心领导作用，即社区议事厅的主理人一般应由社区党组织负责人担任；社区议事会对议题的动议权和审核权、议程的控制权，以及议题选择的合法性都由社区党组织把控；同时，社区议事会的党员比例应为40%~80%，甚至可以达到100%。此外，社区党组织面对协商过程中出现的利益冲突和纠纷时，可以利用自身的政治权威和号召力进行协调和疏解。

2. 重点培育居民的社区参与意识

社区参与和社区交往会在一定程度上影响社会资本的存量，同时社区参与、居民的归属感、居民之间的信任与交往等都会对社区治理产生正向的影响。

由于居民的交往互动需要以一定的具体空间为依托，因此，只有根据居民的需求开展空间营造，才能促使居民持续互动、社区良性运转。同时，由于居民的社区认同感和社区参与意识互相建构，其中居民的社区认同感包括群体认同、个人认同和角色认同三个维度，因此居民的多维认同感可以在参与社区治理的过程中不断产生并强化。

3. 创新激励机制

激励可以直接影响组织和个体行为的积极性和持续性，应针对不同主体的需求采取不同的激励方式。针对社区内生组织，应在提供资金、场地等支持的基础上，不断提高社区居民的参与水平。同时，在街道或社区年度表彰大会上，对热心社区事务、对社区治理做出重要贡献的个人和组织进行公开表彰。针对社区外来组织，除了购买专业组织的服务项目建立互惠互利的合作机制外，要通过宣传、表彰等方式激发、培育组织的责任感和公益精神。

4. 议事代表是协商共治的关键因素

社区协商治理的成效直接取决于社区协商议事成员的能力，因此在选举社区议事代表时一定要强调居民参与的主动性和积极性。这就要求社区党组织深入挖掘并发动各个领域的社区领袖。社区领袖参与社区建设的意愿更加强烈，能力也更加突出，他们将成为社区治理项目中的领头羊或者重要骨干，同时也在居民心中更有号召力。

5. 以社区议事会为依托，培育发挥社会资本的价值

社区议事会是议事协商助力社区治理的生动实践，是多元主体参与社区治理的平台和空间。社区议事会的主要成员分为政治精英和社会精英两类，政治精英包括街道和社区党组织中的基层人大代表、党代表、政协委员等，社会精英包括居委会成员、社区积极分子、企事业单位负责人等。最基础、最有活力和前景的力量是以居民代表和积极分子为主的社会精英，也是需要挖掘和培育社会资本的主要对象。只有居民代表和积极分子参与社区治理，议事协商才能够真正地运转并保持活力。因此，社区社会组织要把社会资本的挖掘和培育重点放在热心社区建设工作并有一定的空闲时间、善于听取和反映居民群众的要求和建议、有议事协商能力的居民积极分子这一群体中。

一方面，动员这些居民积极分子参与议事协商，通过他们"二次动员"其他居民参与进来，真正发挥社会资本的价值；另一方面，作为居民心声的反映者，通过议事协商这一平台真正做到与政治精英对话与互动，使群众的真实诉求得到反映，促进社区问题的解决。

支持型社会组织参与城市社区治理研究[*]

——以北京市 TH 组织为例

一 导言

随着全球化的发展和后工业社会的来临,社会发展处于高度复杂和不确定性之中,政府单一主体进行治理已不符合时代发展要求,多元主体合力共治的治理体系和治理方式成为社会治理新的方向。在这样的背景下,党和国家充分重视多元主体合力共治,尤其是引入社会力量进行协同治理。

社区是社会的基本单元,社区治理是国家治理的基石,是基层治理的重要场所,社区治理影响国家治理与社会发展。在国家政策的引领下,各地正如火如荼地开展社区治理创新实践活动。但从传统"单位制"社会向现代"社区制"社会转型过程中也不可避免地出现了一些问题:一方面,城市社区居民越来越处于个体化、原子化和陌生化的状态,社区参与严重不足;另一方面,基层政府、居委会、驻区单位、社区社会组织等各主体价值导向多元,利益导向多元,在社区治理中总体处于分散状态。于是,越来越多的支持型社会组织发展起来,参与到社区治理当中,为解决上述问题提供了新的方向。尤其在大城市当中,支持型社会组织不断开展社区治理的实践工作,逐渐成为助力基层政府创新治理体系、提升治理能力的重要力量。因此,本

---

[*] 原载于《2022年北京社会建设分析报告》,社会科学文献出版社,2022,本文与任慧琴合著。

章以 TH 组织为例，以其参与 Q 街道社区治理的过程为剖面，试图说明支持型社会组织在社区治理中的实践过程及其功能角色，以期通过支持型社会组织参与社区治理的本土化案例，为中国基层社会治理实践提供一定的经验启示和借鉴意义。

二　文献综述

支持型社会组织这一概念首先是从国外发展起来的，20 世纪 80 年代国外学者就开始关注这类组织的发展，对其含义和功能进行研究。哈佛大学教授布朗（L. David Brown）的研究最具代表性，他在桥梁型组织的基础上首次提出了支持型社会组织的概念，认为支持型社会组织致力于为其他社会组织提供重要支撑，在公益领域发挥着重要作用，并提出了支持型社会组织具有五项基本功能：提升个人和组织能力、动员物质资源、提供信息和学术资源、在组织之间建立互相支持的同盟、在部门和部门之间搭建桥梁。[①]

关于支持型社会组织在国内的发展，有学者进行了系统性研究，认为其在国内的发展主要包括四个方面的原因：政治与社会体制改革创设了广阔的支持型社会组织发展空间；社会组织培育和管理方式创新所提供的强劲动力；回应草根组织资源依赖形成的现实需求；顺应社会组织内部结构优化的趋势。[②]

关于其含义和功能，学者们有着较为一致的看法，认为支持型社会组织是为其他社会组织或者个人提供资源整合、中介、咨询、培训、托管服务的社会组织，主要的功能和作用是孵化培育和支持其他社会组织的发展，同时其对宏观的社会治理、政府政策咨询有着重要影响。根据支持型社会组织的发起主体及其独立性可以将其分为以政府力量主导的枢纽型社会组织，以社

[①] L. David Brown, "Support Organizations and the Evolution of the NGO Sector," *Nonprofit and Voluntary Sector Quarterly*, 2002, 31（2）：231-258.
[②] 祝建兵：《支持型社会组织的生发机制探析》，《理论月刊》2015 年第 4 期。

会力量为主导的恩派公益社会组织，以基金会为代表的爱德社会组织三类。①

将支持型社会组织按照其服务内容进行细分，可以分为资金支持型、能力支持型、信息支持型、智力支持型及综合服务型五类。按照其开展服务的领域进行划分，可以分为环保支持型、老年服务支持型、社区服务支持型。② 此外，学者们也对其功能发挥的成效进行了评估和研究，认为支持型社会组织几乎是与其需要支持的社会组织同步发展起来的，支持型社会组织本身并不足够成熟，不能为其他社会组织提供支撑。③

支持型社会组织与政府的互动关系及其自主性也是学者们较为关注的议题。学者的观点主要有两种：有些学者认为支持型社会组织具有一定的自主性，因而能够与政府部门建立平等的合作关系，尽管这种"自主性"是有限的；④ 但也有学者持反对意见，认为支持型社会组织自主性差，对政府存在制度性和非制度性两种性质的依赖。

综上所述，目前国外学者和国内学者都认为支持型社会组织在支持和陪伴其他社会组织、为政府部门提供服务等方面有着重要作用。客观而言，国内学者对支持型社会组织的关注较少，研究也主要集中于宏观层面，对支持型社会组织功能发挥的研究也仅仅局限于为其他社会组织提供各类型支撑这一层面，并没有对其在社区治理中的其他角色和功能发挥进行更为具体细致的研究，也较少结合完整的支持型社会组织参与基层社区治理的案例剖析其

---

① 丁惠平：《居间往返：支持型社会组织的行动机制——以北京市恩派非营利组织发展中心为个案》，《贵州社会科学》2019年第11期；陆海燕、洪波：《政府向支持型社会组织购买公共服务研究——以浙江省宁波市海曙区为例》，《内蒙古社会科学》（汉文版）2012年第3期；丁惠平：《支持型社会组织的分类与比较研究——从结构与行动的角度看》，《学术研究》2017年第2期。
② 汪丹：《我国支持型社会组织研究综述》，《郑州航空工业管理学院学报》2015年第1期。
③ 孙燕：《社会组织孵化器——实现公益事业可持续发展的助推器》，《社团管理研究》2011年第6期。
④ 唐文玉、马西恒：《去政治的自主性：民办社会组织的生存策略——以恩派（NPI）公益组织发展中心为例》，《浙江社会科学》2011年第10期；唐文玉：《从"工具主义"到"合作治理"——政府支持社会组织发展的模式转型》，《学习与实践》2016年第9期。

在基层社区治理中的治理逻辑。但事实上，支持型社会组织正如火如荼地在社区中开展实践，这类组织致力于不断加强自身能力，提升自身价值，拓展自身业务，革新自身理念，在社区治理和社会治理中的作用越来越突出。对于这些支持型社会组织在社区治理中的生动实践、具体策略及其功能发挥都有待更进一步的探讨。

因此，本章以支持型社会组织TH为研究对象，对支持型社会组织参与社区治理的微观过程进行观察，深入描述支持型社会组织在社区治理中的实践过程，运用社会资本理论和协同治理理论探讨其在社区治理中多方面的功能和角色及其参与社区治理的逻辑和本质，以期为城市多元主体合力共治的治理实践和支持型社会组织的发展提供经验借鉴。

根据学者们的研究并结合具体的实践案例，支持型社会组织指的是主要由社会力量主导，具有较强的自主性，致力于助力基层社区治理创新和发展，在社区中开展孵化培育、资源整合、能力提升、空间运营等工作的具有公益性、社会性的社会组织。

三　案例分析

TH组织是北京市民政局正式注册的民办非企业单位，致力于成为助力基层政府进行社会治理创新的支持型社会服务机构。TH组织有如下三个特点：第一，组织专业性较强，在社区治理领域注重持续深耕，社区治理理论和实践经验丰富；第二，组织使命感强，积极致力于社区公益事业的发展以及社区共治和善治的实现；第三，组织拥有丰富的社会资源。

Q街道地处北京市老旧城区，下辖三个社区，均为典型的老旧胡同院落区域。Q街道有如下特点：第一，老年人口较多，中青年群体占比较少；居民的文化素质和受教育水平普遍较低；社区基础设施老旧。第二，居民的社区参与度不高，社区社会组织数量少、质量低，具体表现为社区社会组织成员年龄层次单一、老年人口较多而中青年居民的参与不足，组织对社区依赖性较强、活动开展随意性大、资源整合能力不足、服务能力有限，不同组织的成员过度重叠化、组织间恶性竞争等问题，驻区单位也较少参与到社区治理当中。总而言之，Q街道居民参与度低、驻区单位处于边缘地位、社区社会组织发展整体处于衰落状态且很少能够在社区治理中真正发挥其主体作用。Q街道三个社区居委会由于协助承担行政事务，较难有时间、精力，也未形成专业的居民动员方式和组织培育方法，难以独自撬动驻区单位资源将其纳入社区治理格局当中。在街道办事处和社区居委会的支持和引导下，三个社区分别进行了厕所革命、公共空间改造、胡同停车管理、修缮基础设施等惠民工程，解决了Q街道社区发展过程中的硬件不足问题。此后，Q街道购买了TH组织的服务，使TH组织进入Q街道三个社区系统地动员社区内部各类"治理主体"，培育和发展社区社会组织，促进社区内部多元主体间的协商共治。

（一）引入并培育多元主体

TH组织在Q街道各社区中积极引入并培育多元主体共同参与到社区治理当中，具体引入五个方面的主体。

1. 从居民兴趣出发，促进居民社区参与

在TH组织进入Q街道的三个社区前，Q街道居民的参与多以高龄的老年人为主，孩童、中青年的社区参与极少，已有的社区社会组织中更是鲜少见到年轻人的身影。社区社会工作者较难有时间、精力，也不具备专业的居民动员能力，难以发挥其作用。

针对Q街道居民参与不足，社区工作人员不具备专业动员能力的现状，TH组织入驻社区后，一是开展社区基本情况的摸底调研，组织并带领社区社工从不同年龄层次居民的心理、需求和现实状况出发，打造了有品质、有温度、有趣味、符合居民需求的系列活动，以此来吸引各个年龄段居民迈出家门，走向社区，参与社区活动；二是以"热心、公益心、责任心"为标准挖掘积极参与社区活动的居民，并通过一对一的访谈，积极动员其持续加入自身感兴趣的组织；三是在居民活动常态化后，积极引导居民就社区内部的垃圾分类、遛狗拴绳、自行车停放等公共事务进行讨论，并提出相关建

议，引导居民从关注自身兴趣出发向关注社区的公共事务转变。

社区居民是社区协同治理最重要的主体之一，社区协同治理离不开社区居民的有效参与，社区协同治理需要提高社区居民的参与度，需要社区居民走出"私领域"走向"公领域"。社区居民间的信任、互惠、规范等社会资本的生成和发展需要居民的互动和交流，也需要居民发展其公共理性和公共精神。TH组织从居民兴趣和实际出发，充分考虑到社区各个年龄层次居民的特点和实际需要，并兼顾活动品位和温度，使居民在参与活动的过程中提升获得感，以此来吸引现代化背景下多元化、异质化、原子化的个体迈出家门，走向社区。此外，TH组织适时的引导和一对一的精准动员使居民逐渐从关注自身的兴趣出发到开始关注社区公共事务，参与社区公共事务的讨论，在充分沟通的基础上，促使居民充分认识到社区营造的意义和居民自身的责任感，这种深深扎根于群众的工作方法使得TH组织的动员更富有成效，社区参与也有了更多的新面孔。居民在不断的参与、互动中建立了相互间的信任、规范和网络，也逐渐形成主人翁意识开始关注社区公共事务。

2. 运用优势视角，挖掘和培育社区居民骨干

TH组织在Q街道的实践中非常重视对居民骨干力量的挖掘和培养。TH组织根据Q街道居民的参与状况，依据有时间、有精力、有公益心、热情等标准以及社区居委会的推荐，挖掘了一批居民骨干。运用社会工作"优势视角"的专业方法和理念，引导居民骨干认识自身的优势和价值，认识团队分工合作的力量，认识社区营造的理念，一步一步激发居民骨干产生参与社区事务的内生动力。此外，TH组织开设了专门的"居民领袖赋能营"，通过外出参观学习和访谈、专家指导、与居民充分分享和讨论，培养居民骨干的团队组织和建设能力、协商与协作的理念和技巧、动员居民的方式方法等。这些重要的能力建设，使得Q街道的居民骨干在后续参与社区治理，组建、策划和实施居民活动，宣传和动员其他居民，联系和沟通居委会，协商社区公共事务的过程中发挥了重要作用。

社区居民骨干是社区居民与社区居委会间的桥梁，也是社区居民中的能人，拥有较强的组织引领能力和信息传递能力，是社区居民之间、社区居民

与居委会之间，甚至是社区居民与支持型社会组织之间的黏合剂。居民骨干对于社区内部信任、互惠、规范、社区社会组织的出现和发展有着不可替代的重要作用。协同治理亦需要居民骨干传达民意，发挥其桥梁组织作用。TH 组织的专业陪伴和系统性赋能，使得 Q 街道的社区居民骨干逐渐产生了参与社区事务的内在动力和相关能力，同时也在其他居民中广泛传播社区共治的思想和社区营造的理念，在社区中形成了引领和示范作用。

3. 以项目为载体，孵化和培育社区社会组织

社区社会组织是居民组织化参与社区治理的重要途径，社区社会组织的发展有利于培养社区内生力量，盘活社区资源，提升社区居民的公共意识，激发社区活力。在 TH 组织进入之前，Q 街道社区社会组织数量少、质量低，具体表现为：社区社会组织成员年龄层次单一、老年人口较多而中青年居民的参与不足；组织对社区依赖性较强、活动开展随意性大、组织意识薄弱、资源整合能力不足、服务能力有限；不同组织之间成员过度重叠化、组织间恶性竞争；互益类社区社会组织较多，而公益类社区社会组织较少等。

如何活化已有的社区社会组织，如何孵化和培育新的社区社会组织，如何提升社区社会组织的社区治理意识和能力，引导其关注社区公共事务是支持型社会组织 TH 在 Q 街道社区治理中十分重要的一项任务。TH 组织有着较为成熟的社区社会组织培育方式：首先，通过"公益创投项目"拨付给组织资金，以项目带动和资金吸引的方式刺激居民产生参与社区治理的意愿，充分挖掘居民参与社区公共事务的内在动力和外在能力，以公益项目引导其逐渐参与到社区公共事务当中；其次，对社区社会组织成员展开能力培训，包括培养项目化运作思维、领导能力、团队合作能力等。

TH 组织负责"小微公益创投项目"大赛的发起、项目的征集、项目规则的制定与评选、项目的优化和辅导以及项目执行全周期的陪伴，在这个过程中 TH 组织扮演的是专业支持者的角色。TH 组织不仅在专业技能上支持和促进社区社会组织的发展，也在不断的引领示范中带动社区社会组织成长，使其走向专业化和成熟。无论是"互益类社区社会组织"还是

"公益类社区社会组织",社区社会组织作为居民组织化参与社区的重要方式,都为社区居民提供了参与社区公共活动的系统性途径,也提升了社区社会资本的存量。① TH 组织通过项目带动、资金吸引的专业化组织培育方式和系统性赋能陪伴,使得 Q 街道社区社会组织的数量和质量都得到提升,能够积极主动参与到社区事务当中,成为社区协商治理重要而又关键的一环。

4. 系统性赋能社区社会工作者

社区社会工作者是社区协商治理的一个重要主体。一方面,社区工作者在社区中密切联系社区居民,承担着满足社区居民多样化需求的职责,尤其需要服务社区弱势群体;另一方面,社区社工也是引导居民和社区社会组织协商共治,组织和协调社区资源,参与社区公共事务治理的重要力量。

TH 组织进入 Q 街道后,针对社区社会工作者,开展了系列"社区社会工作者赋能工作坊",帮助 Q 街道社区社会工作者提高其专业实践能力,促使其更好地在社区治理中发挥作用。第一,TH 组织与 Q 街道社区 20 多位社区社会工作骨干进行了团建活动,使社区社工相互熟悉起来;第二,TH 组织邀请在社区治理实践领域经验丰富的社区居委会主任进行专题分享,其主题包含社区共治、精细化治理、如何激发社区治理活力等具体的案例和实践经验;第三,TH 组织举办了互动交流会,社区社工提出自身在个人成长和社区工作中遇到的困难,TH 组织和社区社工一起协商和探讨应对策略,同时整合 Q 街道中持有中级社工师资格证的"优才社工"带领其他社工就"如何召开居民会议""如何调动社区不同主体参与院落改造工作""如何化解居民矛盾"等治理主题分组进行交流和探讨,并整理出 Q 街道社区社工的工作方法准则;第四,TH 组织带领 Q 街道社会工作者一起动员居民、培育社区社会组织,在具体实践的过程中传授社区社会工作者专业的方法和技能。

---

① 赵罗英、夏建中:《社会资本与社区社会组织培育——以北京市 D 区为例》,《学习与实践》2014 年第 3 期。

社区社会工作者代表着社区居委会，在社区治理中，社区社会工作者与居民、社区社会组织的良性互动和交流，对社区协商共治和社区社会资本的提升有着积极促进作用。TH组织通过系统的社区社工赋能培训，使Q街道社工在治理理论和能力方面都有了很大提升，有效推动了社区社工参与到社区治理的工作当中。

5. 引入社区驻区单位

社区内部的驻区单位也是社区治理中的一个重要主体。驻区单位是社区辖区内的单位组织，包括驻区机关单位、国有企业单位、事业单位和"两新"经济组织，它们与社区有着天然的联系，社区治理与驻区单位紧密相连。一方面，驻区单位是社区重要的组成部分，驻区单位的服务对象是社区居民，需要走进社区了解居民；另一方面，驻区单位也需要承担起企业的社会责任参与到社区治理当中。

驻区单位以利益为导向、营利为目的，在参与社区治理的过程中，由于缺乏主动性出现参与不足的问题。在TH组织进入Q街道之前，Q街道各社区与驻区单位的联系十分有限，仅限于企业基本信息的摸排与登记，较少有围绕社区治理开展合作的行动。TH组织进入社区后，以激发驻区单位的公益精神和社会效益为出发点，兼顾其经济效益，与Q街道社区居委会开展多次一对一精准动员，引导驻区单位参与到社区治理当中。

首先，将Q街道社区的驻区单位进行分类，主要包括：餐饮酒店类、民俗文创类、学校及科研机构类、其他类型，并制订各类社会单位与社区共建的可行方案；其次，TH组织与社区社会工作者一起摸排和走访了辖区内的驻区单位、物业企业等社会单位，一方面搜集社会单位的需求和资源，另一方面初步确定愿意与社区共建的社会单位名单；再次，TH组织制定了社区居委会、社区居民、社区社会组织、驻区单位多方共享的资源和需求清单，通过将各方资源与需求匹配，寻求多方主体合作的契合点，促进社区驻区单位、社区居委会、社区居民、社区社会组织之间的互惠和共建，将驻区单位纳入社区治理体系当中；最后，当社区社会单位与社区居委会、社区居民在不断参与中产生信任、互惠资本后，TH组织引导社会单位参与到社区公共事务的治理当中，如社区停车难、社区垃圾倾倒不规范等公共性问题，组织社区居民、社区居委会、涉及的物业公司等多方主体运用罗伯特议事规则进行平等协商，引导相关主体充分客观地表达自己的建议，从而达成共识。

（二）构建支持网络，促进主体间合作

1. 构建"街居联动"的社区社会组织支持平台

社区社会组织的成长不能仅仅依靠自身，外部资源输入和支持网络构建也至关重要。Q街道拨付的"小微公益创投项目"资金较少，能够扶持的项目有限，但社区社会组织的成长需要外部资源的持续输入，针对社区社会组织的持续培育与发展需要建立长效的引导机制。在TH组织的支持和引导下，Q街道成立了社区社会组织协同发展中心，搭建了街居两级联动的社区社会组织支持平台。

Q街道办事处社区办专门成立了街道社区社会组织协同发展中心，其人员由街道社区办的工作人员、从社区中选拔出来的优秀社工及社区社会组织代表组成，其功能主要是在街道层面备案和发展社区社会组织、对"公益创投项目"进行规范化管理，建立社区社会组织库、居民需求库、社会资源库、社区人才队伍库，将社区资源和社区发展需求对接匹配，形成街道层面的统筹机制。

Q街道的三个社区分别组建了社区社工督导队伍，负责参与到居民动员和社区社会组织队伍当中，一个社区社会组织配备一名优秀社工人才，全程支持和陪伴社区社会组织成长和发展，优化辅导组织申报的公益创投项目书并监督项目的资金使用和实施过程，同时充当社区社会组织和街道办事处的中间桥梁，将组织的需求反馈给街道，将街道的意见和资源反馈给组织。

街道层面的社区社会组织协同发展中心与社区层面的社工督导队伍紧密联系，社工督导队伍则与社区社会组织密切接触，形成了自上而下、自下而上的街居两级联动平台，为系统、科学地孵化、支持和陪伴社区社会组织成长和发展提供了保障，促进其有序发展，如图1所示。

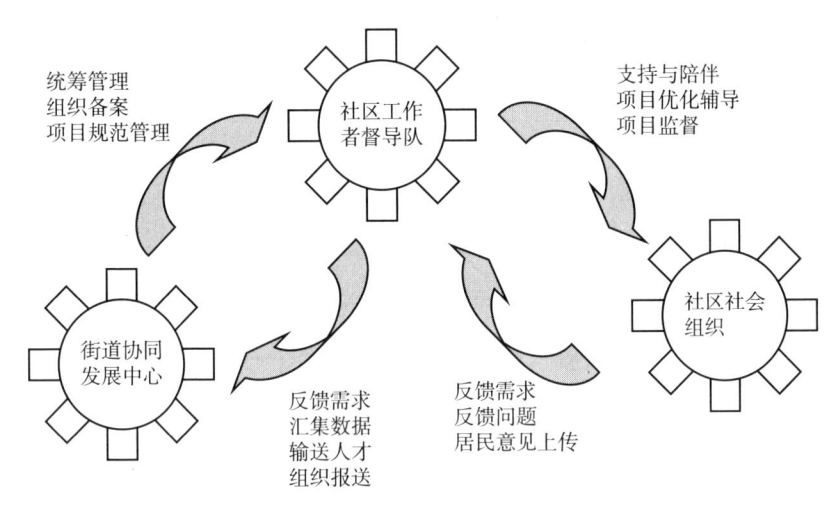

图 1 "街居联动"运作机制

2. 搭建多方参与的社区议事协商平台

TH 组织进入 Q 街道后，联合 Q 街道办事处及下辖的三个社区探索建立基层协商民主框架下的社区共治机制，搭建了社区居民、社区社会组织、社区居委会、街道办事处、社区驻区单位等利益相关方协商讨论社区公共事务的平台，并探索建立协商制度，畅通各主体协商沟通的有效渠道。在不断探索中，Q 街道规范了社区协商运行流程，形成了党委政府领导下的街道、社区居委会、驻区单位（包括社区内物业）、社区社会组织、社区居民等多主体参与的议事协商机制，如图 2 所示，以最大限度满足居民多样化需求，激发社区活力。

社区居民和社区社会组织作为其中重要的主体，既反映居民诉求，也参与到问题的协商过程中，最终也推动部分问题的解决，并对其他主体形成监督。这一平台的搭建使得相关问题能够通过协商加以解决，减轻了基层政府和社区居委会的治理压力，社会单位承担了相应的社会治理责任，社区社会组织得到了长足的发展，通过搭建议事协商平台，促进了多元主体之间的沟通和交流，同时撬动了社区社会资源，实现了多方主体的合作共治和共赢。

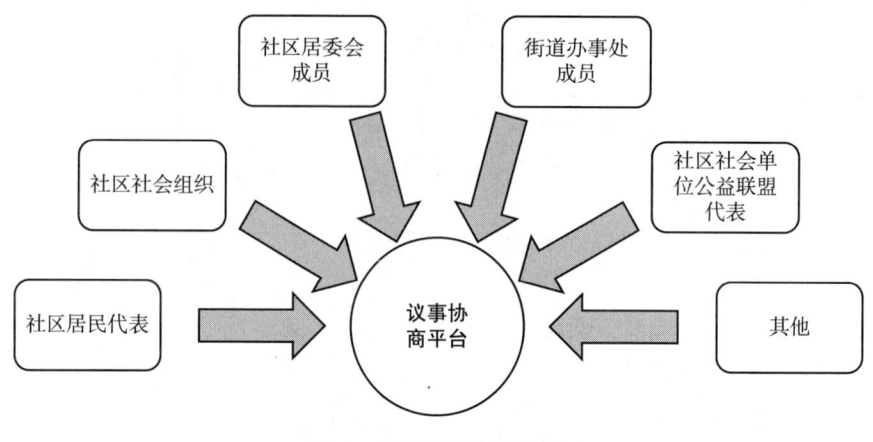

图 2 社区议事协商平台

3.形成"社区社会单位联盟"运作机制

为促进多元主体间的合作，TH 组织成立了 Q 街道"社区社会单位联盟"，该联盟主要成员是 Q 街道的驻区单位、与社区共建的高校和其他外部社会单位，由街道办事处社区社会组织协同发展中心这一枢纽型组织管理。社区居委会主要负责动员辖区单位加入联盟，促使该联盟内的单位与社区共建；同时，该联盟将自身的资源和服务输送给社区社会组织和社区居民，而社区社会组织和社区居民帮助其宣传品牌，提升企业知名度。社区社会单位联盟中的成员可以根据自身的资源优势和服务特色从各个方面赞助社区居民开展公益活动，尤其是社区社会组织举办的志愿惠民活动等，以此来服务社区居民。同时，驻区单位也会宣传企业的文化品牌和服务，针对社区居民开展公益活动，树立企业形象并承担企业社会责任。支持型社会组织一方面专业助力街道办事处协同发展中心监管社区社会单位，另一方面也对社区社会单位联盟的发展予以指导并陪伴社区社会组织不断发展。

在 TH 组织的支持下，Q 街道以服务社区居民为本，纳入驻区单位资源，逐渐摸索并形成了一套稳定的社区社会单位联盟运作机制，以此激发社区内部活力，促进社区的良性循环运转，实现了居民问题和需求在社区内部就得以优先解决的高效治理，如图 3 所示。

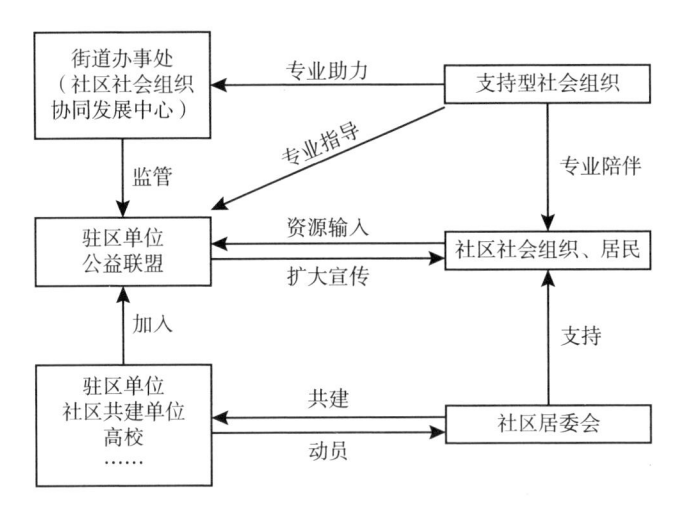

图 3 社区社会单位联盟运作机制

(三)利用社区公共空间,形成社区共治的长效机制

经过多年的社区治理实践,Q 街道社区治理主体不断丰富多元,社区居民、社区社会组织、社区居委会、街道办事处、社区社会单位都参与到社区治理当中,并且其共治意识和共治能力也不断提升。TH 组织以社区公共空间为载体,提升社区的自我管理和自我服务水平,促使社区治理经验走向标准化和常态化,形成社区共治的长效机制。

以 Q 街道公共服务空间为载体,TH 组织内部进行了多次专业沟通和研讨,组织居民和社区社会组织、社区居委会召开了多次议事协商会议,在持续互动协商中,将公共空间定位为社区共建共治共享的"共生院",并在该空间内设置了五个功能室,形成了稳定的社区共治模式。

1. 空间功能定位

TH 组织对社区公共空间进行定位,将 Q 街道社区公共空间设置为五个功能室:第一,居民议事协商功能室,主要为社区多元主体进行议事协商的公共空间;第二,社区社会组织活动室,主要是社区居民和社区社会组织开展各项活动的重要场所;第三,社区社会工作者的成长基地,主要是提升社区社会工作者能力的实践基地;第四,社区资源供需的对接点,一方面汇集居民的需求,另一方面根据居民的需求进行内外部相关资源的挖掘、整合与对接;第五,街道和社区宣传的对外窗口。通过空间载体的打造,汇聚多方主体力量,促进主体间的合作和社区共治的实现。

2.空间日常运营

TH组织作为该空间的主要运营方,第一,使公共空间运转起来并且全面管理公共空间内的日常事务,制定空间管理制度和年度工作思路,负责对借用空间的个人、团体进行条件审核,负责空间内及依托空间开展的活动的对外宣传、合作拓展等工作;第二,在各个功能室内策划、开展社区居民动员类、社区组织培育类、资源链接类活动,吸引社区居民广泛参与"共生院"的各项社区公共活动,在参与公共活动的过程中,促进社区公共理性和公共精神的形成;第三,孵化和培育社区社会组织,带领社区居民参与社区建设的实践探索,解决社区面临的各种公共问题,丰富社区的社会资本;第四,承担社区内部资源挖掘、外部资源链接、内外部资源整合,促进资源与居民需求相匹配的重要任务;第五,支持并陪伴社区工作者全方面成长。TH组织在空间运营过程中,有意识地组织社区社会组织成员和社区社工进行值班和轮岗工作,使社区社会组织和社区社工参与到支持型社会组织工作的每一环节,以此带动社区社会组织和社区社工提升能力,进行自我管理和自我服务。

四 支持型社会组织在社区治理中的功能和角色

(一)搭建多方合力共治的治理格局

1.治理主体多元化

TH组织进入Q街道之后,与Q街道办事处和社区居委会建立了良好的合作关系,以此顺利进入社区开展治理实践。在其治理实践过程中,首先引入了多元主体。第一,TH组织从居民兴趣和现实需求出发,将青少年、中青年、老年人各个年龄层次的居民吸引到社区活动当中。第二，挖掘社区居民骨干，发挥居民骨干的带头作用。第三，培育和孵化社区社会组织，通过项目带动和资金吸引的方式发展社区社会组织，使其成为社区治理的一个重要主体。第四，注重社区社会工作者在社区治理中的重要作用。第五，引入社区驻区单位。此外，TH 组织与街道办事处、社区居委会密切联系，在 Q 街道形成了街道办事处、社区居委会、社区社会组织、社区居民、社区驻区单位以及支持型社会组织六个主体共同参与的多元主体共治格局。

2. 促成多元主体间的协商合作

TH 组织不仅将多元主体引入社区治理当中，而且搭建了多方参与的平台，利用平台优势，促进主体间的协商合作。第一，构建"街居联动"的社区社会组织支持平台，将街道办事处社区社会组织协同发展中心、社区社工督导队伍、社区社会组织三者紧密联合在一起，支持社区社会组织的发展。第二，搭建多方参与的社区议事协商平台，通过搭建社区议事协商平台，促成多元主体针对社区内部公共事务开展沟通交流和协商探讨，撬动社区社会资源，实现多方主体共治。第三，形成社区社会单位联盟运作机制，使驻区单位之间、驻区单位与社区其他治理主体之间加强沟通与合作，激发社区内部的活力。第四，打造多主体共同参与和实践的公共空间，汇聚多方主体力量，形成社区共治的空间载体和长效机制。

3. 制定共同规则

在引入多元主体参与社区治理，并促成多元主体之间的合作共治后，制定共同的规则，明晰各主体之间的权责也至关重要。TH 组织构建"街居联动"的社区社会组织支持平台，明确街道、社区以及社区社会组织各自所需承担的功能和职责；形成社区社会单位联盟运作机制，明晰各主体的权责。与街道办事处、社区居委会和社区社会组织共同制定"社区公益创投项目"的征集类型、审批与评审规则；在公共空间的建设中，清晰定位社区公共空间的五大功能，制定社区公共空间的运营规则和制度。

4. 引领治理方向

TH 组织在 Q 街道社区治理中发挥了引领社区治理方向的重要作用。TH

组织始终坚持自身的组织使命，通过自身的专业性促进社区善治的实现。TH 组织在 Q 街道的社区治理实践中，一直强调其组织使命，在与不同主体进行交流与合作的过程中，传递社区治理的思想，引领社区治理的方向。

社区治理要多方合力共治，而不能单个主体单打独斗：TH 组织在社区治理中注重培育多个主体，将社区居民、社区社会组织，尤其是社区驻区单位，纳入社区治理的格局当中，并引导多个主体开展合力共治，打破社区治理只有政府参与、其他主体缺失的局面。

社区治理应以居民需求为导向，注重服务居民，而不是以政府政绩为导向：TH 组织以居民需求为导向，从居民的现实需求出发，针对社区儿童、社区中青年群体、社区老年群体的实际需要针对性地开展活动，既满足居民的需求，也促进居民的参与。在社区"公益创投项目"立项、评审时，考虑项目的公益性，即项目是否对社区居民有益。在为社区社会组织和社区社会工作者赋能时，宣传群众工作方法和扎根群众的重要性，强调以满足社区居民需求为主的理念。

社区治理要不断创新，而不能因循守旧：TH 组织积极创新，面对社区中青年群体参与不足的现状，积极探索吸引社区中青年和社区青少年参与社区治理的方法；以项目为引领，以资金为吸引，以赋能为基础，探索孵化和培育社区社会组织的本土模式和实践策略；构建街居联动的社区社会组织支持平台，搭建多方参与的社区议事协商平台，形成社区社会单位联盟运作机制，促进社区治理的平台和模式创新。

社区各主体之间应该平等协商合作，而不是基于强制性权力被迫合作：TH 组织在与各个主体交流合作的过程中，始终尊重各个主体，并坚持提倡各个主体之间的平等交流和合作。

社区治理应该基于各主体的共同利益，而不是聚焦单个主体自身的利益。TH 组织在审批、评估社区"公益创投项目"的申请时，强调项目应该基于社区公共事务，而不是为少数社区社会组织内部成员服务。在社区议事协商过程中，注重强调多数人的意见，强调集体的利益，强调平衡各个主体间的利益。

5. 系统提升其他主体治理能力

TH组织在Q街道的治理实践中，注重提升其他主体的治理能力，尤其是注重提升社区居民骨干、社区社会组织和社区社会工作者的治理能力。

TH组织对社区居民骨干进行赋能。社区居民骨干是社区治理的中坚力量，社区居民骨干对社区居民有着榜样影响和示范引领的重要作用。TH组织运用"优势视角"的理论和方法并开设"居民领袖成长赋能营"，通过多种形式提高居民骨干的社区参与动力和社区治理能力。

TH组织对社区社会组织进行赋能。社区社会组织是居民组织化参与社区治理的重要方式，TH组织极其重视其组织能力的发展。针对社区社会组织团队合作、项目化运作思维和能力、撰写项目书、领导力和创新力等进行系统性赋能，引导社区社会组织从互益类组织发展成公益类社区社会组织，从而使社区社会组织更好地发挥其在社区治理中的作用。

TH组织对社区社会工作者进行赋能。TH组织开展了系列"社区社会工作者赋能工作坊"，通过团建活动、社区治理领域实践专家专题分享、互动交流会、"优才社工"带动、具体实践过程指导等方式系统提升社区社会工作者的社区治理理论和能力，有效推动社区社会工作者更加专业和高效地参与到社区治理中。

（二）培育社区社会资本

在社区治理中，社区社会资本产生并广泛存在于社区内部的人际关系结构之中，在不断的社区内部人际互动过程中，社区社会资本得以产生和存在。社区社会资本是整个社区内部各个主体和要素共同组成的关系网络，并不是依附于社区中的独立个体。此外，在社区治理中，一个社区所形成的社区社会资本只为本社区内的行动主体提供便利，不同社区内部的社会资本是无法转让的。在不同社区中，社会资本的存量也是不同的，要想提高本社区内部的社会资本存量，就只能加强本社区内部各主体在互惠、信任、网络等人际方面的交往和互动。

在城市社区中，社区居民之间的关系趋于陌生化，社区居民与社区居委会、社区物业之间的关系紧张,并且这种趋势随着城市化和社会化的发展在社区内部进一步加强。此外,一个社区内部的社会资本具有再生性,良好的社区信任、网络和规范环境是能够良性循环的,并催生出一个更加友好、互助、和谐的社区,而在一个陌生化、关系紧张的社区中,人们的思维较为固化,社区的紧张和冲突也随之不断加剧。因此,在社区治理过程中,单单依靠社区内部的力量是不够的,需要支持型社会组织这样的外部力量介入,通过外部的支持型社会组织力量撬动社区内部的社会资本,使社区治理成效更高。

通过对支持型社会组织 TH 参与社区治理过程的探讨,能够发现在支持型社会组织参与社区治理的过程本质就是提升社区社会资本的过程,一是社区信任资本增加,二是社区关系网络扩展,三是社区内部规范形成,四是社区权威力量互嵌,五是社区社会组织出现。

社区信任资本增加:支持型社会组织参与社区治理的过程中,各主体进行互动产生并存在多种层次的信任,如社区居民之间、社区居民与支持型社会组织之间、社区居民与基层政府之间、支持型社会组织与基层政府之间、驻区单位与其他治理主体之间的信任关系。信任关系的发展是网络结构形成的前提,没有信任基础,关系网络也就无法建立。上述五个层面信任的产生和存在不是单一和孤立发展的,而是多个主体在互动过程中不断产生新的正式或非正式的信任关系,不同层面的信任关系互相交织在一起,从而在社区中积累了越来越多的信任资本。社区内部的信任资本越多,社区不同主体之间的凝聚感和归属感越强,越有可能实现社区共治。

社区关系网络扩展:支持型社会组织参与社区治理的过程中,不同主体之间形成了多种层次的信任关系,相对应地也形成了多种主要的社区关系网络,如社区居民之间、社区居民与支持型社会组织之间、社区居民与基层政府之间、支持型社会组织与基层政府之间、驻区单位与其他治理主体之间的关系网络。社区内部关系网络的建立和扩展不是各个主体间孤立发展的,而是不同主体相互交织在一起形成社区治理共同体网络。社区内部各个层次关系网络的构建和延伸,使社区内部的各项潜在资本被充分调动起来,促进了信息的流动和各个主体间的互动，形成良好的社区治理结构。

社区内部规范的形成：社区内部规范是社区社会资本的重要组成部分。社区居民和社区内部其他主体基于共同的价值观和公共利益形成社区内部规范，并且该规范一旦形成，将有利于引导和规范社区内部成员的行为。社区内部规范包括正式和非正式两种。社区正式规范即社区居民和其他主体正式制定的法律、制度、政策、准则等硬性约束力量，而社区的非正式规范是基于道德、承诺、认同等形成的一种非正式的大家都认可的软性约束力。TH组织参与到社区治理中，为社区居民和社区社会工作者赋能、培育社区社会组织并助力其登记备案、搭建多方议事平台、建设和运作社区公共空间的过程也是逐步引导社区内部建立和完善"正式规范"和"非正式规范"的过程。无论是社区正式规范还是非正式规范都能够内在或者外在地约束人的行为，成为促进集体合作的协同力量。规范的形成和培养有助于增强居民对集体行动的信心，更多地参与社区的公共活动和公共事务，完善互惠共享的社区社会规范至关重要。

社区权威力量互嵌：社会资本的一个重要表现形式就是权威关系，在多元主体协商共治的社区治理格局中存在两个层面的权威关系，一是政府部门与支持型社会组织之间的权威关系；二是城市社区居委会和街道办事处之间的权威关系。基层政府购买支持型社会组织的服务，使其进入社区治理的场域，支持型社会组织在社区中为居民赋能、培育社区社会组织、将驻区单位纳入社区治理当中，搭建社区议事协商平台、建设和运作社区公共空间，不仅激活了社区已有的社会资本，而且建立起新的社区社会资本，更好地满足社区居民多样化的物质生活需求和精神文化需求。政府通过购买服务的方式，使支持型社会组织进入社区参与共治，实现了政府行政权威与支持型社会组织专业权威之间的互相嵌入。城市社区治理中的第二种权威关系即街道办事处与社区居委会之间的纵向权威关系，这种权威关系是纯粹的上下级间的权威关系，良好的街居关系在社区治理过程中也至关重要。

社区社会组织出现：在现代城市社区中，由于市场化和城市化加剧了人口的流动，传统社会的初级组织逐渐式微，城市社区中个体趋于陌生化，社区内部的社会资本也随之下降,这导致在现代城市社区治理过程中,社区居民乐于享受公共服务设施和公共事务解决带来的便利,但参与社区公共事务的比例却普遍较低,因此,需要社会组织介入并重新建构社区社会资本,解决这一困境。在现代城市社区治理中,主要包括两种类型的社会组织:社区外来的支持型社会组织、社区内部出现的各类本土社区社会组织。支持型社会组织的创始人和内部相关工作人员大多是社会学、社会工作、公共管理等方面的专业人才,一方面,作为专业型知识分子具有社会关怀、社会改造和社会行动等积极的公益理念;另一方面,扎根于社区治理的最前沿,在社区治理实践中不断总结经验、发展创新,具有一套专业的工作方法和能力,这使得他们在社区治理中发挥着不可替代的重要作用。社区内部出现的各类本土社区社会组织包括社区居民自发形成的各类社区社会组织,也包括支持型社会组织进入社区后培育出来的各类社区社会组织。由社区居民组成的本土社区社会组织长期扎根社区,根据自身的爱好、特长在社区开展互益或公益类活动,发挥个体能动性的同时也实现了社区社会资本和社区治理水平的双提升。

五 结论

本章关注的是支持型社会组织这样的"外力"进入城市社区之后的社区治理实践,从支持型社会组织的主体视角出发,以 TH 组织参与社区治理的过程为剖面,着重讨论了支持型社会组织在社区治理中的具体实践策略,并从过程视角出发,运用社会资本理论和协同治理理论对 TH 组织进入社区治理后的治理实践进行解释,深入剖析支持型社会组织在社区治理中的功能角色及其治理逻辑。

支持型社会组织通过引导社区居民参与社区治理,培育社区居民骨干,孵化社区社会组织,赋能社区社会工作者,引入社区驻区单位,搭建街居联动的社区社会组织支持平台,搭建多方参与的社区议事协商平台,形成社区社会单位联盟运作机制,同时以社区公共空间为载体,汇聚社区各类主体的资源，形成社区共治的合力，促进了社区社会资本的积累，推动了社区协同治理格局的搭建，在社区治理中发挥了重要作用。

研究发现，在社区的发展过程中，仅仅依靠社区内部的行政力量和居民自身的力量是无法让社区内部的社会资本活跃起来的，而支持型社会组织这样一种外部专业力量和知识团体的介入，使得社区中的信任、互惠、网络等各项社区社会资本日益活跃起来，并为社区培植和注入了新的社会资本，使得社区治理主体多元化，促成了多元主体间的协商合作，制定了社区公共事务的相关规则，引领了治理方向，同时也系统提升了其他主体的治理能力。

支持型社会组织在这里首先发挥了启蒙和教化的重要作用，将社区共治的制度、理念、公共精神和志愿服务精神传达给社区各个主体，社区各主体在不断的互动和实践中形成了各种形式的认同并将其内化为治理实践中的行为习惯，并通过社区各主体间的信任、网络和规范约束自身的行为，促进了社区的德治。同时，支持型社会组织为搭建多方参与的议事协商平台、培育社区社会组织，将社区社会单位纳入社区治理当中，激活社区内部的社会资本，使各主体有途径、有能力参与社区公共事务，促进了社区的自治。此外，支持型社会组织建设和运作社区的公共空间，与社区居民、社区居委会和街道办事处的相关人员、社区社会组织、社区驻区单位平等协商，积极搭建多方主体共同参与的社区协商平台，不同主体共同参与构建社区治理网络，促进了社区的共治。支持型社会组织参与社区治理的实质就是培育信任、规范和网络等社区社会资本，实现社区自治、法治和德治的统一，促进社区内部的有机团结与整合，最终形成社区协同共治的治理格局。社区社会资本的建立有利于社区居民形成对社区的认同感和归属感，打破孤立、冷漠、陌生、逐利的社区人际关系，助力基层政府建设互信、互惠、互助的社区精神文化风貌，构建和谐美丽的社区生活环境。

尽管如前文所述，支持型社会组织在多元主体合力共治的过程中发挥着不可替代的重要作用，但在具体的实践过程中，支持型社会组织参与社区治理的过程并不是一帆风顺的，支持型社会组织参与社区治理也面临着诸多困境和问题，包括支持型社会组织自身的局限性，也包括支持型社会组织与社区原有的街道办事处、社区居委会等社区内部存在的体制机制接轨时产生的摩擦。

具体来讲,首先,支持型社会组织自身的局限性:一是支持型社会组织人员流动性大。TH 组织也不例外,在笔者实习期间,TH 组织的固定员工较少,实习生或者兼职人员偏多,而实习生和兼职人员往往工作不到三个月就会离职,人员的不稳定性是支持型社会组织发展的一个主要瓶颈。究其原因,人员的不稳定性与支持型社会组织面临的外部环境有很大的关系。目前,国内还没有宽松的支持型社会组织发展环境,也较少出台相关政策,这间接形成组织发展资金有限、员工福利待遇较低的局面。二是支持型社会组织以项目承接的方式与政府部门合作,发展较好的支持型社会组织一般能够承接来自不同政府部门的多个项目,这直接导致分配在每个项目上的人员较少,每个人员面临的压力增大,项目的完成难度也有所增加。

其次,支持型社会组织主要由政府力量主动引入,通过签订合同的方式,实现支持型社会组织专业力量与基层政府部门权威力量的互构,支持型社会组织在一定程度上依赖政府资金及其权威力量,这就使得支持型社会组织的独立性及其自主性受到一定程度的影响。

再次,作为社区外来力量的支持型社会组织,在与社区居委会和社区居民接触时,难免会被误会成"只是来圈钱,而不是真正为社区服务"的悬浮型组织,这对支持型会社会组织在社区治理中发挥其作用产生一定的阻碍。TH 组织在社区治理的过程中也不是一帆风顺的,曾遇到了社区书记不理解、不搭理、不配合的情况,但是 TH 组织并未放弃,而是精准瞄定社区当前的主要需求,如 Q 街道中一个社区当时难以链接社区驻区单位的资源,TH 组织主动一对一走访驻区单位,举办驻区单位的座谈会,迎难而上,啃硬骨头,挖掘驻区单位的资源与社区需求相匹配,在一点一滴的实干中赢得了社区书记的理解和支持。针对社区居民,TH 组织也一对一访谈居民骨干,一对一交流沟通,从社区居民现实需求出发,从社区公共事务出发,为居民和社区发展服务,从而赢得居民骨干的认可,居民骨干发挥其天然的二次动员能力,使得 TH 组织能够扩大其在社区居民中的影响力,赢得社区居民的认可，促使其更好地开展工作。

最后，尽管支持型社会组织在社区治理过程中存在困难和不足之处，但支持型社会组织作为专业性质的组织，一直在自我革新、自我发展、自我成长，不断提高自身的专业化水准，更好地实现与社区治理多方主体的高效衔接，为社区公共事务的发展干实事；同时，支持型社会组织的数量也越来越多，为了长久生存下去，支持型社会组织必须防止内卷化，打造属于自身的口碑和品牌，这样才能避免被同类型的组织所替代。TH组织之所以能够成功，也是因为其做实事、防内卷，提升自身实力和专业性，赢得了良好的口碑。

第三篇
他山之石篇

伦敦社区复兴运动

伦敦，与北京一样，不仅仅是一个大都市，而且是一座首都城市。这使它与其他大城市区分开来，如上海、纽约等。此外，与那些专门的首都城市，如华盛顿、巴西利亚和堪培拉也有着明显的不同，它还是经济和文化中心。

近20年来，伦敦的城市建设一直是在一场布局全国性的"城市复兴运动"的名义下开展的。因此，与北京市目前计划将首都部分功能向城市东郊迁移的战略不同，伦敦所开展的是建基于其原有的历史文化、建筑遗产、土地利用和设计规划的城市更新运动。

尽管在城市的规划和建设方面存在战略差异，但伦敦和北京在城市身份与定位上的相似性，使得伦敦在城市规划中的许多经验，对北京正在进行的首都副中心建设具有借鉴价值。而且，由于这两座城市均是千年古城，历史的沧桑变化均为城市留下了无比丰厚的文化与物质遗产和城市规划的历史样本，因此伦敦的城市复兴经验也给北京的旧城维护、更新和改造带来了富有意义的启示。

一 英国城市社区复兴运动的背景

1998年，时任英国副首相的约翰·普礼士考特（John Prescott）委派杰出的建筑师、工党同僚理查德·罗杰斯（Richard Rogers）爵士出任英国城市工作组（Urban Task Force，UTF）的主席。罗杰斯将UTF的任务定义为"在可行的经济和法制框架下,基于优质设计、社会福利和环境保护等准则,建立起城市更新的新愿景"。一年之后,长达 313 页的报告《走向城市复兴》(Towards an Urban Renaissance)发表,报告倡导通过"以设计为主导"的城市更新,使其"遵从所处的经济和社会环境"来确保城市的可持续发展,并把这作为应对英国快速增长的住房需求和主要城市及城镇复兴的核心策略。这份报告在之后的历史进程中改变了英国各地区的城市规划、住房发展和城区更新政策,着重强调了城市设计——这在城市建设中被认为是提升城区发展质量和可持续性的关键因素——所扮演的重要角色,同时成为实现零碳排放和可持续性城市转变进程中的重要组成部分。

在 20 世纪 70 年代晚期的撒切尔时代,城市政策大幅度向房地产主导的城市更新策略转变,依靠城市开发公司和经济开发区来完成招商引资。

到 20 世纪 90 年代初,自由主义的城市发展政策和社会更新策略的弊端逐渐显现,迫使保守党政府开始推行以规划为主导的政策架构,并将发展的重点重新放在城市中心区,同时鼓励以公共交通系统取代以小汽车为主导的交通模式。

到了新工党时代,新工党将"第三条道路"作为执政的主导方向,将重塑社会包容、邻里复兴和社区参与作为城市更新的主要目标,以应对日益严峻的社会公平问题。邻里建设作为城市更新的"基本准则",以政府的社会排斥为主导来解决贫困社区中普遍存在的反社会行为和恶劣居住环境等核心问题。对于整体的城市更新和"可持续社区",实施"城市复兴"政策,强调城市活力、社会阶层混合及社区建设等,鼓励高收入社会阶层重归城市中心区。与此同时,中央政府还通过强调"公民"概念来改革地方政府施政方式并促进地方民主。

二 伦敦社区复兴运动的提出

在二战结束之前,区域规划者阿伯克朗比就准备好了两份方案,《伦敦郡规划》和《大伦敦规划》。在 1947 年的《城乡法案》中，阿伯克朗比建议，伦敦可以建设成为一个由四个环体（城市内环、郊区环、绿化带环和外围乡村环）组成的"环状内陆城市"。为了加速迁移百万人口，阿伯克朗比还建议，在外围乡村环开发新的"卫星城镇"。八座卫星城市被建起，并且繁荣发展起来。战后的规划师并没有限制这座城市的规模，反而让它无约束地扩展，直至整个东南区域都划归"伦敦"。

1965 年，由 32 个行政区组成、覆盖 610 平方英里地域的大伦敦议会成立。此后，复兴伦敦中心区域的措施被提了出来，其中包括保护环境和提高公共交通速度的方案。"拆除维多利亚或者乔治时代房屋"的政策被推翻，相反，还有了拨款用以"改善"老旧失修的住宅。这座城市再一次被安慰、被巩固，而不是被摧毁。接着就开始了被称作"中产阶级化"的进程，中产阶级和专业技术人员迁入了破败的房屋或者区域，以改造并更新它们。伊斯灵顿和斯皮塔菲尔兹此前两个"贫穷"的地区，在这次所有权和发展方向的转变中受益。绿化带让这座城市转而依靠自己。到 20 世纪 70 年代中期，有大约 250 个"保护区"位于这座城市的各个区域，证明了对伦敦社会历史的一种新认识。

20 世纪 70 年代晚期，大伦敦议会拨款给新的社区项目，并把重点放在脆弱或者边缘阶层身上；特别地，向少数族裔和非主流性取向者提供帮助。在改善拨款和中产阶级化的时期，公众非常关心对伦敦的保护，而且关注度不断提升。

1986 年，撒切尔夫人解散了大伦敦议会，使伦敦成为欧洲唯一一个没有统一地方政府的首都。同年，英国放开对于股票交易的管控，结果商界信心爆棚，伦敦经济乘势进入了爆炸式发展阶段。房地产开发商"饥不择食"，是片土地就不放过，其间拔地而起的建筑普遍质量不高。

20 世纪 90 年代工党重新执政后，政府认可金融城对于重组地方政府的合理要求，组建了伦敦议会，创设了伦敦市长一职。前大伦敦议会领袖利文斯通（Ken Levingstone）以独立候选人的身份参加市长竞选，结果击败其他对手，成功当选。对于伦敦来说，这意味着巨大变革的到来。

利文斯通引入公交"智能卡"制度,划定了伦敦拥堵区,并且坚持提高保障性住房质量和建筑的能源效率。他的伦敦规划于2004年通过,包括一组寻求紧凑城市的新城市主义设计的战略原则、拥有世界一流的建筑和设计、建立高品质的公共空间、鼓励建筑的再利用和提高包容性与促进民族融合。

利文斯通任命理查德·罗杰斯为建筑和城市规划的首席顾问。为设计"伦敦城市复兴愿景"而建立的"为伦敦设计"机构,旨在提高设计质量,并且与伦敦的行政区合作提出设计战略、区域规划、基础设施项目和设计培训工作。与此同时,在伦敦及其32个行政区中,以不同城市复兴元素为目标,颇具特色的规划和设计体制正在实施中,而为了提供广泛的公共空间和改善基础设施,成立了一系列跨行政区或公私合营的机构。

然而,在第三次伦敦市长的选举中,鲍里斯·约翰逊(Boris Johnson)胜出。他在许多问题上都与利文斯通意见相左,不过仍然施行一些政策,包括拥堵费和自行车道的扩修。鲍里斯还推出巴克莱自行车出租计划,并开始使用新款的双层"路霸"大巴。在这位新市长的运作下,伦敦交通系统也开始实行酒精禁令。

此外,萧条时期被人遗忘的地区得到复兴,东伦敦再度迎来了一场大规模修建计划。

三 伦敦中心区的复兴

2001年,时任伦敦市长的利文斯通选择"伦敦中心地区"经济增长政策,这一政策的确定体现了一种诉求,即生活质量的提升是伦敦作为商务、金融、旅游和艺术中心的先决条件。因此,提高伦敦的城市设计品质成为促进经济增长的必要条件。利文斯通同样把减少社会排斥作为经济增长的重要因素。

利文斯通创建的伦敦规划的设计政策中表现出来的一个关键矛盾在于:"世界级建筑"和"创新的设计"同尊重原有城市环境之间的矛盾。

伦敦中心城区的扩大在一定程度上缓解了这一矛盾。1994年将泰晤士河南岸的区域纳入中心区范围。这个中心活动区在2004年的伦敦规划中得到进一步扩大，包括更多城市东部边缘的区域。几乎所有伦敦市中心自20世纪90年代中期实行的城市设计计划都有相应的合作联盟，或者是通过不同的公共机构的组合，或者是通过公私合作的伙伴关系（这些机构均在2009年之前解散了）。

在地方层面，在中心活动区之内每个行政区的"整体发展规划"都能按照自己的要求构建详细的设计策略。伦敦的两大中心行政区——威斯敏斯特区和都市集团分别采取了不同的策略。威斯敏斯特在中心活动区内的建筑76%有详细的保护措施，被列为保护建筑的有11000栋，而在都市集团这个比例不到50%。

伦敦一向不欢迎大规模规划，以各种小尺度的设计实现公共领域的更新，可以获得更好的改进效果，只要这些设计均服务于一个更大的理念，并且有切实可行的实施策略，如连接泰晤士河南北两岸的泰晤士径，其结果往往超出预期。

根据威斯敏斯特市议会、大伦敦区和卡姆登区的协作经验，行政区、机构和企业之间新的合作方式可以带来一定能量。新生的各个针对城市更新的合作组织也已经证明了它们的价值，使传统上位于边缘区的贫穷区域和富裕的中心区不再彼此分割。

2008年修订的伦敦规划在首都周围嵌入了"奶酪片"式的次级区域，并将中心活动区与相邻的次级区域联系起来。相应的，位于中心活动区之内的6个中心区与次级区域建立了新的伙伴关系。

（一）国王十字区的复兴

国王十字区的城市复兴过程中最重要的启示是：多元参与主体（以社团为主）如何在博弈、协商的过程中实现老旧城区的改造和更新，由此展现出了一个强大的公民社会的力量在老旧街区的保育和更新上所发挥的重要作用。

案例1

国王十字铁路集团，成立于1987年，汇集了租户协会、居民团体、中小企业、遗产保护和运输活动家，以及一个无家可归人员的组织等。集团针对这一地区制定的规划案产生了重要的影响，即在与伦敦更新协会（主要由大企业组成）规划案的对垒中，赢得了英国皇家城市规划学会伦敦分会的规划成就奖。

案例2

政府通过单一更新预算（SRB）向"国王十字合作组织"提供了3750万英镑的资助。主要合作组织为铁路公司及区议会，同时包括一些由受邀代表组成的社区组织。由于合作组织和整个海峡隧道铁路连接线建设无法同期进行，合作组织将一部分资金用于培训和教育项目，用以帮助当地人进入劳动力市场。除此之外，它还通过一系列心理和物质措施帮助改变当地的地区形象。

案例3：摄政广场更新

对这一地区改建的第一方案遭到众多团体的反对（主要原因是将拆除大部分19世纪老旧建筑），其中包括：寻求更多住房的居民团体；遗产保护组织，呼吁更多保留老建筑；以及国王十字合作组织管理层对设计的很多方面提出异议，特别是在遗产保护方面。由于这些反对声音，政府驳回了第一份规划申请，并与一家新的设计师事务所合作，提出了一个全新的方案。新的方案保留了相当高比例的旧建筑，其间穿插相似尺度的现代建筑。

（二）老港区泰晤士河的重建

码头区开发公司在1981年成立，以恢复或者重建伦敦码头被关闭后留下的空地；伦敦城市机场、码头区轻轨以及延长的朱比利地铁线是预定的交通方式。但是，就如大部分伦敦开发项目一样，其结果在很大程度上都不在计划和预期之内。码头区的公寓楼群第一年还很时髦，第二年就落伍了；有人抱怨其交通设施很简陋，并且缺少商店，但不管怎样，这里有了持续的发展。

码头区"在建筑的集中和规模上，或者在公共空间的布局上，没有什么总体原则"，但这也是为什么它成了伦敦自然且能被认可的延伸的原因。整片区域被指责"欠缺美学上的连贯性"，并且"由市场驱动，无视社会政策"，但这些就是这座城市得以扩张和繁荣的条件和环境。

一直以来，商业和社会的压力都在向西缓缓移动，但是码头区开启了所谓的伦敦"东向走廊"，从历史性和机构性的角度来说，它在伦敦经济与欧洲大陆的联系越来越紧密的时期，为其提供了通向欧洲的道路和入口。

理解伦敦的关键，就是要把它看作一座自然城市，随时间的演变经历过众多规划设计，众多与自然形态打交道的人对它进行建设和改造，没有总体性或有序的规划设计。

与伦敦这类自然发展的城市相反，经过综合规划的城市是有目的的经过设计的、更人工化的城市，通常是适应某一紧急需要，经济上的或军事上的——由城墙包围的网格化城市，如罗马、西安、北京和巴黎，城市体现出帝王或统治者至高无上的统治权力。另外，北美的城市构型则是房地产迅速发展的产物，是勘查人员或土地代理机构的城市。

（三）泰晤士河流域的复兴

与巴黎、北京、上海不同，伦敦一直没有专门的管理者和管理机构负责制定宏伟的、集权化的规划。它是由许多小型和中等规模的开发规划集合而成的。这些小型和中等规模的规划就它们所处的地点和位置而言，看起来无可挑剔，是深思熟虑的结果，带有先驱性、创新性和革命性。

从国家层面来说，老港区的开发潜力还没有完全被认识到。20世纪80年代至90年代，北美开发商在金丝雀码头满怀信心地进行了规划设计，而当时在英国国内没有一个地方政府或全国政府注意到这一带再开发与复兴的价值。

泰晤士河入海口地区，成了英国东南部遭受后工业化问题困扰的少数几个地区之一。东南部最贫穷的人、最远离社会的人住在这里，后工业化时代污染最严重、最被忽视的地方也是这里。

政府从20世纪90年代末开始制定"泰晤士河口计划",将泰晤士河入海口地区从贫穷落后的状态下拯救出来。该项目的一个重要方面就是,基于现有景观的环境条件,更好地利用这片土地。政府委托建筑设计师法雷尔负责景观复兴规划的制定。规划基于的理念是:把环境和景观更新作为第一基础设施来建设。这种核心理念源于这样一种事实:泰晤士河入海口地区具有整体一致的景观特征。把各个景观特征联系在一起的,就是入海口河谷、潮汐平原、沼泽地及与这块土地相适应的人类活动。

设计方案的制定过程中采取的方法之一就是,通过工作小组,与各相关方进行交流,所涉及的利益方尽可能地多。事实证明,对于不同的志愿者、政府机构和地方当局,用这种方法了解他们的想法,是非常有效的。有些组织机构在这里已经开展了一些卓有成效的工作,如皇家鸟类保护协会、自然英格兰和国民信托组织等。他们的工作经验显示,对于土地和景观,英国人充满了炽热的感情。最终,设计师事务所发起了一个项目,并将其称为"一千个项目,一种景观"。也就是说,这个项目是有关整体景观、整体一致的问题。所有的河边步行道、运河恢复、新港口建设、乡村公园,以及一些慈善志愿者已经开展的野生动物保护和湿地保护,都可以整合在一起。

四 伦敦基础设施与周边社区的复兴

(一)运河

运河系统,是极为珍贵的娱乐休闲网络,可以与乡村景观、工业考古、短途旅行和闸门处的体育锻炼结合起来。这个系统把分散的乡村和城市景观连接起来,构成一个不间断的网络,为人们提供漫步和环游通道。更令人惊奇的是,它们已经成为现代设施,如电信、天然气和供水系统最重要的通道之一。

伦敦运河系统在大型城市规划中的优势就在于,整个运河网络由一个机构拥有和经营，即英国水运局。伦敦运河体系的再生，应该被看作一种环境、一块城区、一种场所营造，而不应被看作工业革命时代前的交通运输通道。伦敦运河最具吸引力、相对比较近的变化就是，把运河所持有的产权和城市特征纳入所有新开发建设项目之中。摄政运河上小威尼斯的开发建设，吸引富人前来居住。小威尼斯北面卡姆登镇的复兴，使其从一个19世纪末的工人阶级社区转变成为一个综合性的中产社区，成为伦敦青年人、游客所向往的重要目的地。

（二）铁路、地铁、自行车与人行道

铁路车站的重建，带来周边社区的复兴。

地铁推动伦敦向外扩展，地铁把人们带到一个新地方工作和生活，与郊区许多新的开发建设和地产项目并行。

邮箱、街道信号灯、饮马喷泉、出租车棚，特别是电话亭，都是城市景观的组成要素，在市政行话中称为"街道上的家具"。伦敦这个大都市地标性的物体或标识是如此之小，如此实用，让人觉得趣味无穷。

市长办公室发表报告称，伦敦中心城区50%的地铁线路，都要比步行道慢。新建的"伦敦辨识"系统，可以帮助步行者确定方位，克服步行不易识路的问题。该系统将绘制步行可达的地铁图，帮助人们确定在乘坐地铁和步行之间哪个更方便。

利文斯通和鲍里斯，在其市长任期内均致力于为骑自行车的人和步行者提供新的激励措施。就自行车站来说，其目的是建设一个有组织的空间格局，每300米有6000辆自行车可供使用。目前还在讨论建设十几道辐射状自行车廊道的问题，让速度快、容易跟进的自行车流进入伦敦中心城区。

五 结语：伦敦的城市与社区培育

城市需要培育，需要奖赏，作为一个有感知的机体，成为一种所有领导者，更理想地说是城市中的任何一位公民都需要的技能库。

伦敦今天所拥有的许多珍贵的东西，都可追溯到18世纪和19世纪。地方保护机构、地方政府规划部门、英国遗产及一些活跃的组织如SAVE、乔治亚和维多利亚学会，还有20世纪学会，在对这些历史性珍宝的保护方面都已做了大量的工作，目的是要让这些地方变得更美好，向人们传递这样一种信息，即在场地标识和伦敦的未来发展方面，历史性遗产在其中扮演重要角色。

在经济复苏的情况下，大量的资金，特别是彩票募集资金被投到城市更新改造上。第一个实实在在的、重大的、可见的、大规模的更新改造项目，就位于科芬园。在那里，当地社区团体常常由当地的店主、餐馆老板和当地社区建筑设计师所领导。正是这些人改变了整个地区的命运。

城市更新与开发的动机多来源于，如科芬园这样的当地社区及其"创造"，有一些则是社会企业家的个人行为。在伦敦东部，安德鲁·莫森勋爵，一位伟大的社会企业家，已经改变了堡贝门利。约翰·斯科特，古董收藏者和开发商，几乎单独创造了一个场地——肯辛顿的特华兹岛，围绕着一个新建厕所和一家花店，一直延伸到诺丁山的查姆彭大街，等等。所有这些人没有一个是专业城镇规划师或建筑设计师，但他们与当地社区一起工作很长时间了。

最近10~15年，这种遍布全伦敦的更新改造项目几乎各个社区都在推动。就像伦敦的整个发展历史一样，这是城市格局的一种有机变化、众人参与的综合性变革，进而推动伦敦的形态和结构发生演化。

英国社会企业概述[*]

一 社会企业的概念

社会企业（social enterprise）在我国是一个新领域，但在西方国家已经有了成熟的运营模式和无数成功的案例。英国社会企业是以慈善组织为原型发展出来的，它既不同于普通的社会组织，也不同于商业企业。

英国政府将社会企业定义为：拥有基本的社会目标而不是以股东和所有者的利益最大化为动机的企业，所获得的利润都再投入企业或社会中。[①] 社会企业联盟（The Social Enterprise Coalition）将社会企业界定为了社会和环境目标而进行商业活动的组织。[②] 这种社区运动的新形态——基于商业原则来满足公众利益——有能力将其巨大的运营利润让渡给社会公益事业。[③]

社会企业有以下几个特点。第一，社会企业的首要目标是社会取向的而不是商业取向的，社会组织的存在旨在为个人和社会提供社会性服务，如个人权益保护、环境保护、科教文卫事业发展、社区发展等。第二，社会企业

---

[*] 本文原载于《北京社会组织发展研究》，社会科学文献出版社，2015，与马景天依合著。
[①] Office of the Third Sector, Social Enterprise Action Plan: Scaling, New Heights, 2006, p.10.
[②] Social Enterprise Coalition. There is More to Business than You Think: A Guide to Social Enterprise, 2003.
[③] John Smalley、李关云：《社会企业：英国"困顿社区"重生的新推手》，《21世纪商业评论》2006年第1期。

不同于以往的社会组织，它们通过商业的运营模式来维持组织自身的可持续发展，其收入大部分来自社会企业自身的盈利，而不是捐助。社会企业的经营范围很广泛，有些社会企业通过销售服装、报纸、咖啡等形式开展经营，甚至有些社会企业通过话剧演出赚取票房收入。第三，锁定资产，社会企业的盈利不是分配给企业的经营者，而是将这些利润用于社会服务的再投资。第四，社会企业的员工也包括服务对象，而不仅仅是传统意义上的社会服务的提供者。社区企业可能归属于其用户、客户、员工、托管人或公共机构。第五，社会企业具有创新性，可以敏锐地察觉到各种未被满足的社会需求，用创新思维最大限度地整合可以调动的社会资源和人力、物力资源，并最终找到结合多重社会目标的实践方案。①

二 英国社会企业的由来

（一）英国慈善传统背景

慈善组织为社会企业的发展奠定了重要的基础。英国的慈善观念在宗教时期就根植于人们心中。早在 15 世纪，英国就有 1000 多家教会、修道院和医院开展救济工作。1536 年英国政府通过法令建立了公共援助计划，标志着宗教慈善让位于国家主导的福利体系。② 国家行为逐步取代了宗教行为，福利政策不再仅仅是道义上的慈善行为，而更多地成为干预社会问题的重要手段。1530~1597 年，英国议会至少通过了 13 项与此相关的法案。1601 年颁布的《伊丽莎白济贫法》是英国福利政策的里程碑。到了 16 世纪 30 年代，教会和慈善机构受政府委托向贫民发放救济。③ 1834 年英国对济贫法进行修正。

二战结束后，英国政府根据贝弗里奇报告开始建立福利国家。这一时

---

① 王名、李勇、黄浩明编著《英国非营利组织》，社会科学文献出版社，2009，第 208 页。
② 陈良瑾、夏学銮、王青山：《中国社会工作总论》，载陈良瑾主编《中国社会工作百科全书》，中国社会出版社，1994，第 3 页。
③ 黄素庵：《西欧"福利国家"面面观》，世界知识出版社，1985，第 30~46 页。

期，政府成为人民福祉的主要责任主体，社会福利成为社会管理的重要组成部分。然而，福利国家的提出并不仅仅出于道德责任，而是当局为了维护社会稳定，进行有效社会治理而采取的政策措施。

（二）制度背景

1. 新自由主义国家福利政策时期

20世纪60年代，美国开始探索与市场合作的非营利组织（NPO）运营模式。里根总统执政期间，新右派利用强有力的政策手段，推行新自由主义的国家福利政策。这一政策强调只有在市场失灵和家庭福利消失时，政府才应进行干预，崇尚自由市场和市场机制的力量，将社会服务与市场相结合。这一理念为社会企业的兴起奠定了一定基础。与此同时，英国右翼政治家撒切尔夫人也将这种思路引入英国福利领域。20世纪70年代，第一次石油危机和庞大的福利预算使英国经济不堪重负，而"保姆式"的福利政策也降低了人们勤奋工作的积极性，撒切尔夫人主张利用市场的力量，反对福利国家模式，认为国家应该摆脱对福利的直接责任，通过提倡福利多元化、去机构化、去官僚化和市场化，促进英国福利体系的市场化改革。

英国的社会企业在这一时期开始大规模萌芽。然而，这种新自由主义福利模式很快就受到了学者的质疑。不少人认为这种模式只向有经济能力的富人提供服务，而在市场化条件下，最需要服务的穷人却没有足够的钱购买服务。[1]

2. 第三条道路时期

20世纪90年代，英国首相、左翼政治家布莱尔在其智囊吉登斯的影响下，提出超越左与右的"第三条道路"，试图在传统福利国家模式和新自由主义之间找到平衡。布莱尔在一定程度上延续了撒切尔夫人的政策，认为高福利制度会对国家产生不利影响，因此削减了福利预算；另外，布莱尔追求社会公平，主张重新规划国家、社会和个人之间的权利与义务关系，强调

---

[1] George, Vic & Wilding, Paul: *Welfare and Ideology*, London: Harvester Wheatsheaf, 1994: 15-45.

"无责任就没有权利"。工党政府发布了社会绿皮书《我们国家的新动力：新社会契约》，主张为能工作的人提供服务，为不能工作的人提供保障。布莱尔的改革不仅确立了新的社会公平价值观，还推动了英国从国家福利向社会福利的转型。社会企业在这一时期得到了蓬勃发展，社会服务以市场运营为主，与国家积极干预并行，倡导多方合作。国家从公共服务的提供者转变为公共服务的合作者。

布莱尔政府之后的执政者也致力于推动社会企业的发展。2004年，英国政府为社会企业赋予了法律形式：社区公益公司（Community Interest Company，CIC）。2006年，英国政府出台《社会企业行动计划》（Social Enterprise Action Plan），在公民中开展社会企业教育，并为社会企业提供大量资金支持。2013年，《公共服务（社会价值）法案》［Public Services (Social Value) Act］正式生效，如果社会企业可以证明自己的社会价值，将有机会获得更多的政府订单。

（三）公民社会背景

1. 公民参与意识

英国社会强烈的公民意识也是推动社会企业形成的重要因素。公民意识包括责任意识、公德意识、民主意识，强调公民自主参与社会建设，每个人在享有权利的同时，也对社会负有义务。这种主人翁意识，使民众认为自己对社会的发展与良性运行负有责任，并通过合作的形式来促进社会发展。[①]"先有社区，然后才有社会企业。"这句话很好地诠释了社会企业的理念。

英国社会企业的起源可追溯到通过商品交易实现社会目的的合作社。1761年，在苏格兰产生了最早的消费合作社——芬威克编织社（The Fenwick Weavers' Society），它为了集体目的进行商品贸易，为社员购买食物和书籍，并提供储蓄、贷款和教育等多项服务。[②] 1844年，英国西北部城

[①] 朱明：《社会企业的四大发展理念》，《21世纪商业评论》2006年第2期。
[②] 王世强：《社会企业在全球兴起的理论解释及比较分析》，《南京航空航天大学学报》（社会科学版）2012年第3期。

市洛奇代尔（Rochdale）成立了一家现代意义上的合作社。[①] 这所由28位纺织工人构成的合作社被认为是世界上最早的社会企业。

2. 信任链条

信任和法制是公民社会的支撑条件。这里的信任包括两个层面。

首先是社会对于社会企业的信任。社会企业的发展需要经历三个阶段。在第一阶段，社会要相信社会企业有足够的能力为服务对象提供服务，并且实现盈利。在社会企业的起始阶段，需要这种信任实现融资，这样才能获得足够的捐助来维持运营。第二阶段是实践阶段，这一阶段需要的时间往往较长，是社会信任最关键的时期，社会企业提供的服务和做出的贡献，往往不能通过一两个项目或短时间内就显现成效，此时资方与社会组织需要建立长期的信任关系。第三个阶段是社会企业的回馈阶段，社会企业证明了自己的社会价值，并实现盈利。

其次是社会企业与服务对象之间的信任。与以往的社会组织不同，社会企业中的员工可能就是服务对象本身。企业要相信服务对象的能力，相信他们自身可以创造出价值。这样社会企业不但实现了其社会导向目标，还促进了就业，实现真正意义上的助人自助。

3. 企业社会责任的兴起

1998年，在第一届世界可持续发展委员会对话会上，企业社会责任被明确定义为"公司的持续承诺：提升员工及其家人以及当地社区和整个社会的生活水平，同时展现公司行为的道德性、为经济发展做出贡献。"[②]

企业履行社会责任虽然在短时间内不利于企业经济效益的最大化，但从长远角度来看，有利于增加企业的收益。汇丰集团前主席庞·约翰认为，汇丰银行能获得全球最佳银行的称号，很大程度上得益于积极承担企业社会责任。企业履行社会责任还可以改善市场竞争环境，促进企业投入与产出的良性循环，从而为企业发展创造良好的舆论环境。

[①] 王世强：《社会企业在全球兴起的理论解释及比较分析》，《南京航空航天大学学报》（社会科学版）2012年第3期。

[②] 王名、李勇、黄浩明编著《英国非营利组织》，社会科学文献出版社，2009，第202页。

4.道德消费的发展

英国民众对道德消费的重视也促进了社会企业的发展。英国民众越来越支持那些履行较多社会责任的企业，并将消费这种企业的商品视为一种风尚，从一种狭隘的消费主义转向道德的消费主义。"2005年，英国消费者在道德商品和服务上花费了250亿英镑，比2003年增加了15%。英国道德消费者的数量以指数级的速度增长。英国公平贸易商品市场——价值10亿英镑——每年增长40%~50%。"①

三 英国社会企业现状

英国政府将社会企业定义为"商业盈余的主要社会目标是再投资于商业项目或者社区，而不是为了股东和所有者的利润最大化"。英国的社会企业从诞生之日起就显示出强大的生命力，特别是在过去10年里，社会企业迅速发展，其潜力也得到了越来越多的承认。近年来，英国社会企业的发展呈现一派繁荣的景象，几乎渗透到英国经济的每个领域，涌现出"Bromley by Bow社区中心""万花筒戒毒康复中心""Track2000"等一大批杰出组织，为英国社会经济的发展做出了突出贡献。

（一）总体规模与领域分布

据统计，英国有超过6万家社会企业，社会企业从业人员达到47.5万人，并提供了30万个志愿工作岗位，社会企业的营业额达到270亿英镑，每年对GDP的贡献是84亿英镑。大约20%的社会企业营业额超过100万英镑，中等社会企业的营业额达到28.5万英镑，82%的营业额来自商业收入。②

---

① 〔英〕杰米·巴特利特、莫利·韦伯：《创业的价值：英国的社会企业》，吕增奎译，《经济社会体制比较》2007年增刊。
② Office of the Third Sector, "Social Enterprise", http://www.cabinet office. gov. uk/third-sector/social-enterprise. aspx, Nov. 29, 2009.

社会企业几乎覆盖英国社会生活的每一个领域，涵盖公共服务、医疗健康、教育与技能、社区建设、技术发展、环境保护、资源回收等各个方面。[①]

（二）法律形式

社区公益公司（CIC）是专门为社会企业设立的法律形式，2004年创办，目前已有超过5500家注册公司。法律要求社区公益公司中的组织章程必须明确其社会目标，一个限制从社会公益公司转让资产的"资产锁"，确保资产被用于社会建设和社会服务；此外，还有一个关于公司的最大红利和利息支付上限的规定。社会公益公司为投资者提供了一个明确的信号——造福社会，并且这个社会目标受到法律的保护。社会公益公司可以转换为一个慈善机构，或者自愿解散，但一旦建立就不能转换成一般的有限公司。[②]

社会企业常见的其他形式包括"担保有限公司"或"股份有限公司"、"工业工人互助协会"，有的也采用"非法人企业"和慈善组织的形式。担保有限公司在治理结构和投资方面比较灵活，因此，采取这种形式的社会企业数量最多。

在采取有限公司形式的情况下，为了确保它是一个真正的社会企业，需要在备忘录和机构的章程中明确组织的社会目标和利润必须用于再投资。"公司盈利协会"（Incorporation Profitable Society，IPS）又分为"社区福利协会"（Community Benefit Society，CBS）和合作社两种形式，它们都遵循成员民主治理的原则，以确保成员参与企业决策。CBS的利润分配遵循社区受益原则，由成员经营和管理，可实施"资产锁定"以保障社区利益。合作社的目的是实现成员利益，利润分配也服务于社会目的，采用一人一票的

---

① http://socialenterprise.guardian.co.uk/social-enterprise-network/blog/2013/jan/03/uk-social-enterprise-international-attention.
② Department for Business Innovation & Skills, "A Guide to Legal Forms for Social Enterprise", Nov. 2011.

治理结构，允许发行不定量股票。合作社被认为是一种传统的、重要的社会企业形式，采用其他法律形式也可以参考合作社的治理结构，如非法人协会或公司。

社会企业采取的一系列法律形式分别受到不同的政府部门监管。社区公益公司（CIC）受"公司之家"和CIC管理局监管，担保有限公司（CLG）和股份有限公司（CLS）形式的社会企业受"公司之家"监管，IPS形式的社会企业由英国金融管理局（FSA）监管，采取慈善组织形式的社会企业受英国慈善委员会监管。①

（三）监管部门

英国政府在2004年成立社区公益公司管理局（Regulator of Community Interest Companies）以管理社区公益公司，其主要职责包括：①审批成立社区公益公司的申请；②确保社区公益公司履行其法律责任；③调查投诉，即如果管理局发现社区公益公司的经营并不符合某社区的利益或未有遵守资产锁定的要求，便会采取执法行动，包括撤换和委任该公司的董事或将该公司清盘。

2005年，英国第三部门办公室（The Office of the Third Sector，OTS）成立，并专设了社会企业和融资组。该项措施为社会企业提供了广泛的支持，一方面它通过制定政策为英国社会企业发展创造良好的环境，另一方面它还提供自己的政策项目。例如，第三部门办公室与新的社区和地方政府部门密切合作，使第三部门组织在各类社区以及地方和区域性的政策制定中发挥作用。

（四）收入来源

社会企业获得商业收入的最常见方式是医疗和社会护理，基本上是临终

---

① http://socialenterprise.guardian.co.uk/social-enterprise-network/blog/2013/jan/03/uk-social-enterprise-international-attention.

护理、儿童护理、福利指导、膳宿服务。社会企业还深度参与社区或社会服务（21%）、房地产/租赁（20%）和教育（15%）等领域，一些社会企业称它们的使命是帮助人们（95%）和环境保护（23%），那些旨在助人的社会企业主要帮助残疾人（19%）、儿童和青年人（7%）、老年人（15%）和低收入者（12%）。①

四　英国社会企业的效益与功能

（一）经济效益

1. 直接经济效益

社会企业是以企业形式运作的社会组织，关注社会效益的同时也追求经济效益，并能直接创造经济价值。2005年英国社会企业调查和2006年英国中小企业调查显示：社会企业的从业人员达到47.5万人，并提供了30万个志愿工作岗位。社会企业的营业额达到270亿英镑，每年对GDP的贡献是84亿英镑。大约20%的社会企业营业额超过100万英镑；中等社会企业的营业额达到28.5万英镑；82%的营业额来自商业收入。2006年社会企业学院所管理的1999家社会企业营业额总计达到235.7万英镑。

怀特港位于英格兰西北部，这座小城在18世纪是英国第二大港口，凭借煤矿开采和渔业繁荣了两个世纪。然而，20世纪90年代初，怀特港被迫关闭了，港口失去了99%的煤炭交易额，渔业也岌岌可危。

1993年，由凯普兰自治市议会、坎布里亚郡议会、英国合作组织、BNFL（一家核燃料后处理厂，是当地最大雇主）和怀特港管委会共同成立一家社会企业——怀特港发展公司（White haven Development Company, WDC），怀特港发展公司以400万英镑的初始股份资本，成功吸引了5800

---

① 2005年英国社会企业调查，2006年英国中小企业调查。

万英镑用于当地经济的重建和发展。①

2.开发新的产品、服务和市场

社会企业能够充分整合资源与需求，拯救被企业遗弃、被政府忽视的贫困地区。社会企业的运作方式灵活，可以敏锐地察觉许多未被满足的需求，开发新的产品、服务和市场。

位于怀特港的另一家社会企业——怀特港社区信托（White haven Community Trust，WCT），以开发新产品、服务和市场的方式，同样拯救了怀特港。1998年，怀特港社区信托对市区一家运营不佳的多层停车场进行管理，通过实施防火措施、公民意识教育和客服培训等规范化管理计划，使其扭亏为盈。②

3.提高英国企业的整体水平

社会企业有助于提高英国企业的整体水平。社会企业能吸引更多的创业者，为商业企业的启动贡献力量。"那些对传统商业不感兴趣的人可能更愿意建立社会企业，而社会企业也成为激发青年人为改造社会而奋斗的良好途径。"③

此外，社会企业还能够规范行业守则，对传统商业承担社会责任形成压力。咖啡直达（Cafédirect）是英国最大的热饮贸易公司，由英国的几家慈善机构包括乐施会（Oxfam）、贸易工艺（Trade Craft）、公平交换（Equal Exchange）和双子贸易（Twin Trading）联合成立。19世纪建立的世界咖啡协定的崩溃导致咖啡价格大跌，其中受损最严重的就是咖啡的种植者，而不是咖啡的经销商。咖啡直达为了保护咖啡种植者的利益，开创了从田间到餐桌的直达经营模式，绕过经销商，使咖啡种植者获得应有的利益，同时降低了咖啡的附加价格，规范了整个咖啡行业，引领了公平贸易的发展。

---

① 姚音：《怀特港：社会企业推动城市重生》，《21世纪商业评论》2006年第2期。
② 姚音：《怀特港：社会企业推动城市重生》，《21世纪商业评论》2006年第2期。
③ 英国内阁第三部门办公室：《社会企业向新的高度进军——2006年行动计划》，庞娟、吕增奎译，《经济社会体制比较》2007年增刊。

（二）社会效益

1. 解决弱势群体就业问题，为福利国家改革开辟道路

吉登斯认为："考虑到自动化和全球化浪潮中的充分就业难题，选择福利国家的老路，将会使人们陷入福利中不能自拔，从而被更大的社会所排除；而通过减少福利迫使人们寻求工作则导致人们涌入本来就已经十分拥挤的、低收入劳动力市场。"①

Bromley by Bow 社区中心从最初作为社会企业提供服务，到提供社会企业孵化服务，再到其孵化的社会企业集群开始提供高质量的产品和服务，摸索出了一条独特的发展壮大路径，目前有 40 多个小型的社会企业项目等待孵化，而更为重要的是，当地居民的"就业潜质"大大提高，人们的注意力从失业的焦虑转移到磨炼自己喜爱的技艺，等待创业机会，这成为社区发展的重要潜在力量。②

2. 提供高附加值的社会服务，促进政府公共服务改革

正如一位社会企业家所言，"向一位优秀的私人承包商支付 1 英镑，如果幸运的话，你会得到 1 英镑的服务。而向一家社会企业支付 1 英镑，你会得到 1 英镑的服务、10 便士的社会包容和 10 便士的环境保护，以及当地社区内循环利用所带来的利润。"③

Bromley by Bow 社区中心在 1997 年建立了英国第一家由社区经营的医疗中心。和政府相关部门协商后，医疗中心按最高标准建造，共投资 140 万英镑，分 25 年偿还国家的无息贷款。中心领导为了让当地居民有更多发言权，设计了一个托管委员会。委员会由使用医疗中心的社区居民、当地议员和其他相关团体（例如残疾人团体）组成并负责管理。社区原有的私人诊

---

① 〔英〕安东尼·吉登斯：《第三条道路——社会民主主义的复兴》，郑戈译，北京大学出版社，2000，第 131~132 页。
② 姚颖、朱明：《Bromley by Bow 社区中心：一切从人出发》，《21 世纪商业评论》2006 年第 1 期。
③ 〔英〕杰米·巴特利特、莫利·韦伯：《创业的价值：英国的社会企业》，吕增奎译，《经济社会体制比较》2007 年增刊。

所医生可以向托管委员会租借工作空间。医生们支付的房租和医疗中心其他设施创造的利润由托管委员会支配，用于偿还贷款。贷款还清以后，医疗中心所有收入将根据社区居民的需求用于医疗中心的再发展。这种创造性的运行机制避免了僵化的"社区会诊"模式，也防止医疗中心被既得利益者（医生）所控制。①

3. 增进人际关系，提升社会凝聚力

社会企业家通过建立合作网络，解决那些在孤立状态下无法解决的问题。他们启动了一个积累社会资本的良性循环，利用支持网络寻找办公空间和启动资金、核心员工，由此建立起一个可持续发展的组织。这一过程中产生的不是经济利益而是社会利益，即一个由信任和合作连接起来的更强大、自立的社会共同体。②

在社会企业中，连接人和人的是信任链，而不是控制链。信任链传递的是"正能量"，能给链条的另一端带来担当的勇气和信心。要成为真正的社会企业家，就必须勇敢地驶向大海，即使看到陆地暂时在眼前消失，也要预估风险，面对不信任的状况时仍然坚持信任。

莉比是 Bromley by Bow 社区中心的志愿者，她在介绍中心开展的服务时表示："中心招聘职员不是让他们来管理项目，而是希望他们能够创造一个激发想象力和动力的环境。鼓励人们冒险，尝试新事物，用艺术和创造释放潜能，建立自尊心和自信心。"③

4. 激活个人和组织潜能，创造活力社会

社会企业的发展有赖于社区的活力，而人是社区中最重要、最活跃的因素。因此，社会企业家认为："帮助个人发展"优先于利润和规模。如何激发个人的潜能和创造力？如何实现社区、个人和企业的"三赢"？这些才是

---

① 姚颖、朱明：《Bromley by Bow 社区中心：一切从人出发》，《21 世纪商业评论》2006 年第 1 期。
② 〔英〕查尔斯·里德比特：《社会企业家的崛起》，环球协力社编译。
③ 姚颖、朱明：《Bromley by Bow 社区中心：一切从人出发》，《21 世纪商业评论》2006 年第 1 期。

社会企业家优先考虑的问题。

例如，威尔士的Tarck2000（结合环境保护、可再生资源利用和职业培训的综合项目）希望为社区居民，特别是残障和失业人士提供职业培训和工作机会。项目负责人托尼和特里没有照搬一般培训机构的课程设置。他们在社区中生活，知道居民并不擅长读书，因此，把"职业资格培训"和"可再生资源利用"结合起来，在实际工作中设置电器修理、铲车驾驶和仓储管理等课程。随着项目的成熟，工作岗位增加，资格培训课程的种类拓展到呼叫中心运作、IT技能、零售技巧、软件设计、健康和安全、行政管理等多个领域。课程安排很灵活，学员根据自己的学习能力决定进度。社区居民很喜欢这样的方式——不需要大量阅读，上手快，技能学习和就业直接联系在一起。课程的最后还安排"如何参加面试"的讲座，帮助他们寻找工作。同时，培训也为可再生资源项目积累了丰富的人力资源。

与Bromley by Bow社区中心的做法不同，这里的外来移民普遍没有受过什么教育，很多人没有工作，也没有一技之长，但社区中有几位出色的民间艺术家。在居民的提议下，社区中心让这些艺术家有机会成为"专业人士"，开设一系列课程，包括绘画、石雕、彩色玻璃制作、制图、园艺、木工等课程，并邀请企业管理人员传授创业经验和商业技巧。培训结束后，他们成立了项目小组，中心还为他们提供工作空间，制作的东西越来越漂亮，渐渐就有了市场。[①] 已有七个项目组发展成为能盈利的小企业。在社区中还有40多个类似的项目，为此，社区中心联合商业咨询公司，成立"企业中心"，帮助项目商业化。如今，这个孵化器已成为社区中心最具潜力的项目。

五 英国社会企业发展对中国的启示

我国社会企业在20世纪90年代开始出现，社会企业可以弥补政府失灵

---

① 朱明：《社会企业的四大发展理念》，《21世纪商业评论》2006年第2期。

和市场失灵时的不足,又将慈善和盈利联系起来,使社会企业自身具有独立性。但我国社会企业至今还未形成较大规模,英国社会企业的发展对中国具有一定的启示。

(一)给予社会企业法律地位,并与慈善组织做出区分

目前我国对民间组织采取"分级登记、双重管理"的监管制度,这种制度虽然有利于社会组织行业的专业化建设,并为其提供指导意见,但由于准入门槛过高,很多组织无法获得合法身份,成为草根组织,使得行业公信力下降,严重阻碍了社会组织的发展。

在英国,早期由于社会企业没有明确的法律地位,其发展也受到限制。2004年,英国政府通过了《公司(审计、调查和社区企业)法令》,该法令增设了一种新的公司类别——社区公益公司,为社会企业找到了出路。

在我国,尽管一些大型企业已经具备社会责任感,但缺乏法律地位的社会企业不具备公信力,或只能在小部分人群中被认可,商业企业在投资时通常更看重投资与回报的比例,而缺乏合法身份的社会企业无法获得商业企业的认可和信任,导致商业企业与社会企业之间出现隔阂。社会企业合法化不仅能确保其履行社会责任,还能通过灵活的经营模式提高其生存能力。

此外,应将社会企业与普通的慈善组织进行区分,对慈善组织和社会企业采取不同的监管政策和扶持措施。

(二)为社会企业发展创造良好环境

2002年,英国政府开始推行社会企业战略,帮助社会企业克服遇到的市场问题,推动社会企业的发展。该战略设定了三大目标:为社会企业发展创造有利的环境、使社会企业成为更有作为的商业运营体、确立社会企业的社会价值。政府通过扩大社会企业融资渠道或拨款为社会企业提供资金支持;通过提供培训课程、商业信息和建议提高社会企业自身能力;通过建立

社会企业资料库、使用社会稽查方法测量社会效益、设立企业解决方案奖，提高行业知名度和公信力，提升社会企业的地位。

（三）发展政府与社会企业的伙伴关系

政府推动社会企业发展，目的在于促进其自立，建立良好的伙伴关系，在这一过程中要预防政府成为社会企业的"家长"，避免社会企业对政府的依赖。

英国政府在 2006 年 11 月通过《社会企业行动计划：勇攀高峰》，在该行动计划中，强调政府"不创造社会企业"，避免阻碍社会企业的发展，"创造令社会企业蓬勃发展的条件"。

在我国，党的十八届三中全会后，治理理念的提出为民间组织的发展提供了新机遇，通过多方合作而不是自上而下的管理，为社会企业与政府建立友好的伙伴关系提供了契机。

（四）建立独立评价监管机制

自"红十字会事件"后，我国慈善界受到重创，以信任为基础的非营利组织的合法性面临重大挑战。重注册而轻监管的管理策略使得慈善组织公信力不足，社会影响力受限，拖累整个行业的发展。

英国慈善委员会是独立于政府的公共机构，拥有法定权利。它不隶属于任何部门、党派和政治权利，和政府保持一定的距离，形成合作伙伴关系。它在行使法定权利时独立于政治程序，采取行动时只需向法院负责。其主要工作内容为：登记注册、提供支持、监督管理、对慈善机构不当行为和错误管理展开调查。从而保证慈善组织依法运行、造福公众而不是个人、确保机构独立性、防止对公共资源的不当利用或蓄意乱用。

在我国，民政部门、业务主管部门、审计机关、财政部门是社会团体的监管部门。这种多元的监管模式往往使各个主体之间责任界限不清，互相推诿，降低了工作效率。

有学者曾建议参照英国慈善委员会的模式，在全国人大下设立公益慈善委员会，专门负责对各类公益组织的监督管理。这种模式既可以有效协调与相关政府部门之间的关系，把权力关进"笼子"里，又能有效监督和保护公共财产，提高社会企业的效率，形成良性循环。

英国大都市的社区治理

一 英国社区发展历程

在英国,社区发展的历史可以追溯到维多利亚时代(1837~1901年)的慈善传统。

首先,宗教在其中扮演了举足轻重的角色。工业革命时期,城市的扩张以及更加复杂的社会秩序不可避免地导向一种与普遍流行的文化紧密相连的制度,从而获取该文化中的优质元素,包括能量、效率、提供服务、慈善驱动力以及管理能力。[1]

英国的 Samuel Wilberforce 主教就是一位杰出的管理者,他将管理与一种真正牧师式的对人民的关怀结合在一起。他兴建教堂,创办教会学校,支持慈善事业——随后发展为社会服务;组织牧师和信徒闭关静修;注重在所有授职仪式上的发言,在其管辖区努力传布福音。同时,他还是第一位使用新式铁路旅行的主教。

通过这些富有创造力的教会领袖的写作、教育和布道,维多利亚时代的教会向那些新兴中产阶级灌输"服务"伦理,其所依据的自然是基督教原则。同时,也向中产阶级倡导社会责任的伦理,这种伦理的形成源于个体的

---

[1] Suzanne Roberts, "Contexts of charity in the Middle Ages: Religious, Social, and Civic", in *Giving—Western Ideas of Philanthropy*. edited by J. B. Schneewind, Indiana University Press, 1996, pp. 24-54.

良知，而非全然社会性的良知，"一个内在的声音，神圣的督导者"。这些牧师对基督徒社会责任意识的形成产生了不可估量的影响，并使社会服务理念成为一种普遍被接受的伦理。

其次，一些非常有钱的资本家出资重建地方社区，包括学校、图书馆、住房、道路交通基础设施等，以提高当地社区的生活水平。

由政府倡导的社区发展则直接源于20世纪20年代英国政府的殖民政策。在"新殖民主义"时期，英国政府意识到，要在殖民地维持有效的统治，没有殖民地的地方认可是不可能的。随着殖民地的工业化与逐步独立，这些殖民地的农村贫困问题与民族冲突日益增多。英国政府通过在这些贫困地区实施经济与卫生教育发展计划，有限地促进地方自治等，试图维持其有效的统治。许多非政府组织参与了这项活动，不仅提供资金，并且深入社区开展帮扶工作。

第二次世界大战之后，在传统的公共管理模式下，地方治理的核心任务是作为福利国家的一部分提供服务。而这里的假设是公众的绝大多数需求是明确的。那就是建设更好的学校、住房和公路，提供更好的福利，以及由专门的官员与政治家来确定任何一个地方的切实需求。在一个福利国家中，作为服务提供者，地方政府扮演着主导者的角色。它管理着中央政府的专用拨款以提供和改善服务，并在很大程度上以非透明化的方式管理服务的供给，相信它的行为体现了公共部门的社会道义，并通过地方选举授予其合法性。专家主义与自信的党派政治被推到了前台。

这一时期，由选举产生的议员组成的地方政府是管理的主体，管理从局长到各层级科员的职能部门。地方议会承担福利国家的职责，如教育、社会福利和住房，以及规范功能和与文明社会相关联的社区服务，如城镇规划、图书馆、休闲设施以及消费者保护。从这个意义上看，地方政府具有实质性的功能权威。

到20世纪60年代末，西方国家的社会问题日益突出，特别是城市社区的内城区综合征（贫困、高犯罪率、高离婚率、公共服务匮乏，以及种族冲突等）有积重难返之势。于是，行政当局便将在殖民地曾经有效使用的方法移植到本土。与当时美国民主党政府的"向贫困开战"行动相呼应，英国工党政府制定了较为廉价的社区建设行动，认为这种战略会更加有效。

1969年，英国内政部实施的"社区发展工程"（Community Development Projects）是当时英国政府资助的最大规模的行动与研究项目，肩负着组织实施社区发展行动与相关研究的双重任务。在一系列社区发展项目中都强调民众的参与具有两方面的重要意义：一是创造更完善的地方服务，二是鼓励自立。该工程于1976年终止。总的来说，英国政府在本土大规模实施的社区发展工程，最大的成效在于大大激发了以社区为基础，以解决贫穷、社会排斥问题为目的的各种组织与行动。同时，社区服务的领域也逐步扩展到社区生活的方方面面，包括医疗健康、教育、居住、老人与幼儿的社区照顾、公共安全等。社区发展观念开始进入地方乃至全国的政治生活。

对这种世界观的攻击首先来自新公共管理领域。第一个批评来自对20世纪60年代末到70年代公司管理的兴趣，尽管除了对公司主要执行者角色的强调以外并没有留下多少制度的痕迹。第二个批评来自新公共管理对管理主义中削减成本多样性的表述，强调通过更强有力的管理原则，用竞争的方式选择最廉价的服务提供者来降低公共服务供给的成本。在20世纪80年代早期，保守党政府就开始强调这些新公共管理原则。到了20世纪90年代，作为地方政府中正在强化的消费者导向的一部分，中央政府不再狭隘地只关注节省开支，而是对公共服务中的责任与选择提出要求，强调将顾客放在第一位。

20世纪80年代，社区发展理念在英国社会被广泛接受。这一时期，地方层面的一个关键特征是外在于地方议会正式控制的新组织的出现。这一政策起步比较慢，但发展步伐加快。首先是城市发展公司（UDC）的创建。自1981年开始，有12家公司分四个阶段成立，它们拥有资金与合理的资源进行地区的经济与社会重建，包括城市规划、高速公路建设以及其他从当地权威部门转移而来的权力。然而,在20世纪90年代前期,地方公共部门开始快速市场化。由此产生的问题是,与地方权威部门相比较,这些地方的准政府组织在透明度与公信力方面出现了严重的问题。尽管如此,保守党执政期间地方政府治理改革为新工党的政策制定奠定了坚实的基础。

1997年工党重新执政后,以社区和社会的信念为基本原则,社区发展再次繁荣起来。如今,英国由中央政府主导的社区发展项目主要由内政部资助,同时地方政府、慈善组织以及一些财团也提供了资金支持。内政部下设"社区行动部",主管社区政策,社区发展是其重要工作,主要包括邻里复兴战略(The Government Strategy for Neighbourhood Renewal)、社区战略(以2000年地方政府法案为契机)、农村议程等。

二 社区治理:概念与模式

(一)社区治理的概念界定

社区(community)在希腊文中是"友伴"(fellowship)的意思。亚里士多德(Aristotle)指出社区是一群人生活在一起,共享互助合作的成果与优势,以满足社区中各居民的基本需求。而根据霍布斯(Thomas Hobbes)对社区的定义,社区是人们集合起来追求最大自我利益(self-interest)的特定范围。

海勒里(Hillery)曾提出社区的四项基本要素,分别是人民(people)、地方(place)、社会互动(social interaction),以及认同(identification)。

社区是由人组成的,是一群能够形成利益互惠关系的人群共同构建的;然而,关于多少人才能构成一个社区,至今仍无定论。

社区要素中的"地方",或称地理疆界,于现代环境下变得越来越模糊,因为社区的范围视其所涉及的共同利益关系而定。例如,在中国台湾,许多社区的地理范围难以明确界定,尤其是一些"自发性"社区组织,或者非营利性质的团体等。所以社区概念下的地方要素仍缺乏明确的范围界定。

社区居民因生活所需而产生相互关系,尤其是互赖与竞争关系。社会关系的中介者通常是企业、学校等组织。人们通过这些社区内的组织,满足生活需求、建立社区规范、形成社会连带关系及维护社区利益。

社区居民习惯以社区之名与其他社区居民互动,也喜欢在自己的社区内购物、休闲、就业、进行宗教活动、接受教育等;同时,社区居民会形成一种"社区防卫系统",以保护社区免受外来侵犯。社区居民形成明确的"我属感"(we-feeling)、"社区情节"(community tie)。通常,社区认同被认为是社区意识的具体表现。依据社区发展工作纲要第二条,社区的定义如下:经乡(镇、市、区)社区主管机关划定,依法设立社区发展协会,推动社区发展工作之组织与活动区域。社区发展系社区居民基于共同需求,遵循自动与互助精神,配合政府行政支持、技术指导,有效运用各种资源,开展综合建设,以提升社区居民生活质量。社区居民则指设户籍并居住在本社区的居民。

(二)社区治理的制度环境和模式

1. 英国社区治理的法律与政策环境

工党政府在1998年11月签署并公布了《政府与英格兰地区志愿组织和社区组织关系框架协议》(以下简称《框架协议》)。该协议是一份里程碑式的文件,它正式确定了政府与民间组织之间的伙伴关系及其基本原则。

该文件指出,民间组织的发展对于建设一个包容所有人群的民主社会具有根本性的作用,这种作用既不同于国家或政府的作用,也不同于市场的作用。其通过公民个人或者公民组织的技能、兴趣、信仰和价值观念为公众和社区发展提供服务,这种服务对整个国家的社会生活、文化生活、经济生活和政治生活都做出了巨大贡献。在建立伙伴关系的前提下,政府和民间组织在资助、政策制定与协商咨询、落实与管理方面有了一系列原则性承诺。

《框架协议》还规定：当政府与民间组织在贯彻协议精神的措施上发生分歧时，应当尽可能通过调解机制解决问题。如果实在无法调解矛盾，可以将争端提交英国议会的有关机构处理。

《框架协议》签署和发布之后，英国政府通过一系列措施逐步落实协议，同时开始考虑如何启动改革措施，为民间慈善组织营造更好的制度环境。

2006年11月，英国通过《2006年慈善法》，第一次以法律条文的形式明确界定了慈善的定义。该法规定：只有以为公众利益服务为目的，并从事法律规定的13类慈善事业的组织才是慈善组织。

在欧盟委员会文件和欧盟成员国中，社会企业被统称为"社会经济"。在英国的三大类主要民间组织中，社会企业的发展相对薄弱，表现为总体来看企业数量和就业人数不多、商业经营水准和技术含量较低、地区分布和行业分布不均、公众对其社会价值的认可度不如志愿组织或者慈善组织高。因此，英国贸易与工业部于2002年7月发布《政府社会企业战略》（以下简称《政府战略》），明确提出了政府支持社会企业发展的总目标、三大方针及相关的一系列措施。2006年，政府进一步发布《社会企业行动计划》，该计划强调政府并不直接参与社会企业的创办，政府的主要职能是在促进社会企业的健康发展方面有所作为。

民间组织，尤其是大量活动在基层社区的小型民间组织，经常面临的一个主要困难就是缺乏资金。1997年工党政府上台不久便意识到这个问题，从1998~1999财政年度开始逐年增加对民间组织的各种资助，扭转了1992年起公共财政对民间组织的财政支持持续下滑的局面。在英国政府对民间组织的财政支持方面，近年来颇具特色的大型计划是"未来建设者计划"和"变革计划"。

在发达国家的横向对比中，英国志愿者对社会的贡献不仅超过了多数欧洲大国，如德国、西班牙和意大利，也超过了美国和澳大利亚。通过各种途径弘扬和鼓励志愿者精神，推动志愿者人数稳步增长，是英国政府的具体目标之一。在授予民间组织的荣誉方面，英国的最高国家奖是"女王志愿服务奖"。

自 2005 年工党第三个任期开始，为了巩固同民间组织的伙伴关系，打造双方持续有效合作的基础，英国工党政府采取了三个具备长期影响力的战略举措。

工党成立于 1900 年 2 月，在创立阶段，它是英国工人运动和改造社会的理想相结合的产物。从这个意义上说，工党也是从民间组织起家的，与普通民众和基层社区的联系比较广泛。布莱尔曾经总结道，在 20 世纪的前 50 年，工党认识到如果没有政府提供的基本服务和社会保障作为依托，民间组织就无法达到自己的目的。而在 20 世纪的后 50 年，工党意识到如果没有民间组织的热情与行动，政府也无法实现自己的使命。对于政府来说，主要的责任只有两个：第一，尽可能使人们的奉献（包括金钱与时间）变得容易和富有吸引力。第二，尽可能为有需要的民间组织提供支持，使它们能够开展公共服务，加强社区建设。

2. 英国社区治理的模式与机制

1998 年的白皮书《当代地方管理：与人民接触》提供了对工党的改革方案最全面的陈述。

2000 年颁布的地方管理法案给予地方当局一些新权力。他们需要扮演地方领导者的角色，有权力促进、发展当地社会、环境、经济的福祉。这个法案还要求地方议事机构与其他中介组织合作。

2001 年第二本白皮书《强有力的地方领导力——公共服务的质量》发布，其在政府方案的执行上给予地方当局更多的自由性与灵活性。

新工党的地方治理方案包括四个主要因素。第一是服务提供的管理体系，强调地方当局依据规范和检查体系进行不断的自我改善。第二是民主的复兴，为议事机构提供更好的政治领导权、更有效的选举过程、更可靠的决策以及在关键议题上咨询公众的能力。第三是作为领导者的议事机构，在一个多层治理的复杂体系中与其他机构和组织合作。第四是在地方财务上依然保持谨慎的态度。尽管拥有更多的财政收入，但议事机构并不享有更多的自由。

下文将围绕服务提供、合作关系两个方面对英国社区治理模式与机制进行阐释。

(1) 促进服务提供：从"最佳价值"制度到"全面工作评估"计划

1999年，英国地方政府法案确立了"最佳价值"（Best Value）制度。这一制度旨在追求更好的公共服务管理，实质上延续了保守党执政时期就开始的政策。然而实现改变的方式是不同的，更少指令性，更少依赖于一个简单的市场模型。

最佳价值可以被描述为一种自上而下的方法。中央政府要求地方政府建立一个工作回顾框架以明确其服务目标。如果地方的议事机构无法有效提供服务，中央政府有权介入。中央政府还会就该制度的价值在当地的议事机构、工会和商业机构中达成共识。

各地政府对最佳价值制度的反应不一。正如保守党在其管理改革中发现的那样，地方议事机构具备采取主动的能力，并有各自的发展方向。

然而，地方政府依然以一种听天由命和官僚化的态度看待最佳价值制度，将其视为中央政府的另一种行政指令。2001年一项针对相当一部分地方政府官员与参议员的调查显示，绝大多数地方政府正在学习适应最佳价值制度。

新工党执政期间一个非常关键的改变是覆盖地方政府各个部门的规范制度的建立，以此提高其服务水平。审计师对地方的财政预算进行审核，努力促进效率的提高。这项工作是在英格兰与威尔士审计委员会的监督下进行的，并且必须在最佳价值检查员完成检查后进行。部分负责警察与消防服务的检查员会不断调整他们的检查深度。设立于1985年的社会服务检查员，如今还负责对社会关怀工作的调查。1992年设立的教育标准办公室则继续履行其原有职责。

到目前为止，几乎没有任何要求停止检查机制的呼声。由地方议事机构组成的地方政府管理协会（LGA）表示对检查原则给予充分的支持。公众也对检查制度表示高度支持，大约有3/4的民众赞成审计委员会对地方权力部门的工作及运行进行监督与核查。

新工党改革第二阶段的一个关键创新是全面的工作管理体系的建立。对于权威部门的全面工作评估是建立在一系列数据分析基础上的，这些数据来自审计委员会的评估。委员会按照议事机构的工作绩效进行评分，从优秀、好、一般、较差到差。部分建议给那些综合评分较高的议事机构更多的自由以及较少的规约，而对那些评分较低的给予较少的自由以及更多的目标干预。

整个评估工作先在英格兰150个权威机构中展开：伦敦所有行政区、大都市地区、郡议事机构，以及单一的议事机构（unitary councils）。除了总体评分外，在一些关键的服务领域还会对议事机构进行从1到4的打分：教育（基于Ofsted的报告）；成人与儿童的社会服务（基于社会服务检查评估）；社会保障金（基于社会保障金舞弊检查报告）；以及住房、资源、环境、休闲与图书馆（基于审计委员会和政府数据）。这些考核结果与对官员法团式治理能力的评估共同构成了整体评估的基础。结果显示，在这些议事机构中被评优秀的有22个，好的有54个，一般的有39个，较差的有22个以及差的有13个。

在服务提供领域，政府显示出有能力调整和发展其政策。最佳价值制度是在工党第一轮执政后制定的，时间上显得较为匆忙。因此，该政策并没有充分实现服务供给的改善。首先，由于过度依赖外部检查机制，在管理上消耗太多时间，无法对表现较差的机构提出直接有效的建议。其次，最佳价值计划也未能为地方议事机构提供依据不同的环境和工作能力进行调整的空间。

作为对此政策的反思，新工党政府在其执政的第二阶段提出"全面工作评估"计划。该政策有许多矛盾之处，尤其是作为计划一部分的中央政府干预地方事务的权力问题。由于对地方政府工作与自我改善能力的不确定性，矛盾变得更加尖锐。

中央政府在服务改善管理上的方法在某种程度上类似于大型零售公司总部对其各个分支机构的管控。然而，地方政府毕竟不是连锁店的分支，而是具有竞争力与管理能力的政治机构。

(2) 建立合作关系：与地方准非政府组织

除了在威斯敏斯特和白宫的核心机构以及经由选举产生的地方当局运作外，社区治理还涵盖一个巨大的空间，包括地方与国家的代理机构、地方的准非政府组织以及地方合作伙伴，这些都在当代地方治理中扮演着重要角色。

新工党极力反对将地方的准非政府组织废除。调查显示，地方准非政府组织的数量在 2001 年达到 5338 个，与 20 世纪 90 年代中期基本持平。总体而言，新工党维持地方准政府组织政策不变，其中一个重要的原因是这些代理机构提供的服务是新工党所支持的。新工党所做的是鼓励这些地方层面的代理机构就其计划与目标咨询地方政府的相关部门。

在处理与地方准非政府组织的关系时，新工党是适应而非改变了保守党的政策。有学者指出在合作过程中，新工党不同于保守党的四个特征。

首先，新工党不再像保守党那样强调合作关系作为城市复兴工具的重要性，而将重点放在服务提供过程中的合作。其次，横向的合作关系时间拉长了，部分机构的合作时间长达十年以上。再次，大量采用社区或者地方层面的创意。最后，自 2001 年起开始实行一种合作关系的新形式——地方战略合作关系（LSP）——覆盖整个地方行政领域。

新工党提出了许多模型，以显示地方政府在多层次治理体系中所扮演的角色。一种模型将地方政府视为社区领导者，对社区内重要事务均有决策权，并与其他利益团体进行谈判。另一种模型是视其为一种具有重要决定权的制度安排，只是其关键的合作伙伴是中央政府。前一种被称为由地方领导的网络化社区治理，后一种则是从属于中央领导的合作伙伴。

在网络化的社区治理模式下，地方政府的职责是促进社区目标的达成。其工作是引导辩论，发展共识，确保找到适恰的资源——公共与私人的，以实现公共目标。其结果是地方治理的政治过程将领导者的能力与公民更广泛的参与性结合在一起。

有关地方治理的这种观点认为服务可以通过合作来提供，而不是直接由国家来提供。它还强调社区领导权与公民权的重要性。地方政府对当地主要的社会与经济实体产生影响,即使它并不直接对某项特别的服务政策负责。它更像是一个社区领导者,引导地方治理。就像2001年白皮书所提出的,成功的议事机构"能使个体、家庭以及社区发现解决自身问题的方法,提供资源与机会,并与他人或机构合作以实现问题的解决"。社区领导权的角色要求地方政府所达成的目标是人民所渴望的。社区领导权还涉及对社区相互依存关系的认识。就更广泛的区域与国家事务而言,地方政府在代表当地利益方面扮演着关键的角色。

在被限制决定权的模式中,尽管治理的任务变得更为复杂,涉及的政策制度的范围更加广泛和多样化,但仍然需要一个中央核心部门提供指导。这一核心部门就是身处威斯敏斯特和白宫中的政治与管理精英。多层次治理结构中的所有机构都符合中央政府精英的野心与目标。中央的引导是关键,地方层面需要做的就是以柔性的方式将中央的决议与当地环境相结合。

戈登·布朗的财政顾问埃德·鲍尔斯(Ed. Balls)将这一模型描述为"政策制定中受限制的决策权模型"。对于新工党而言,这被视为管理模式的一次创新。就像通过英格兰独立银行这类机构管理经济一样,通过命令与控制的方式运作公共服务并不奏效。这一模型包括指导政策制定的一系列新原则:经由选举产生的政府制定清晰的长期目标;明确区分中央与地方在实现这些目标中的责任;给予地方最大限度的灵活性与决策权;确保目标与过程的透明度。总之,这一模式显示地方政府是国家实现服务提供与社会转型的合作伙伴。

三 社区治理与社区服务

(一)社区服务的提供方式

1. 社区自立建设

英国内政部实施邻里重建战略,目的是要解决英国社会中的贫困问题,缩小贫困社区与英国平均水平的差距。

什么是社区自立呢？简单地说，就是社区的自我良性发展。社区自立的基础是社区自发或有目的地建立起各种社会活动网络关系，在这个网络关系中，既有社区中居民之间的互助联系、经济纽带，还有感情联系、信仰与对社区的认同。

社区自立有赖于社会结构的支持，因此，外部的干预是必要的，这是邻里重建的理论基础。这种外部干预往往是以社区工作者为中心的重建活动，涉及各种社区外部的组织机构。社区工作者要充分利用社区的支持结构，包括社区本身已有的活动支持、外界的各种 VCOs、地方行政当局、地方权威等。但外部干预首先必须考虑到社区本身的活动结构，要从社区本身入手。从策略上讲，社区重建的关键点是以社区群体为出发点，通过培育社区群体活动来培育社区自立，这也是社区重建工作的核心。就英国的经验而言，一个 1000 人左右的社区中应该有 3~6 个比较活跃的社区群体，目前英国的平均水平是 2 个及以下，要在原有基础上成功培育出第三个，需要 2 年以上的时间。另外，社区自立有赖于社区成员的积极参与，因此在社区重建过程中，要尊重社区本身的需求，所有项目与活动都要在社区本身有需求的情形下进行，而不是外界强加进去的。

2. 社区照顾

社区照顾作为一种运动始于 20 世纪 50 年代，最初是针对"住院式照顾"提出来的。至 20 世纪 70 年代，社区照顾在英国各地已相当普及。1987 年英国政府发布《公众照顾》白皮书，提到"社区照顾是指为那些年长的、有精神疾病的、智力残障的人们提供服务与支持，使他们尽可能独立地生活在他们的家庭或家庭所在的社区"。中央和地方政府为此做出很多努力，主要包括：为个体需求者提供灵活、便捷的服务；就所提供的服务允许消费者有一定的选择权；为领养者提供必要的服务；重点为那些急需服务者提供服务。社区照顾有两层含义：一是社区内照顾，即不使被照顾者离开他所熟悉的社区，在本社区内为其提供生活服务；二是由社区来照顾，也就是动员本社区的人力资源，运用社区支持体系开展照顾服务。

英国社区照顾的具体内容如下。①由地方政府出资兴办社区服务中心。该中心设有老年人服务、残疾人服务和学龄前儿童服务项目，工作人员大多是政府雇员，活动经费主要来自政府拨款，基本上属于无偿服务。②开办社区老年公寓。这是政府为社区内有生活自理能力但身边无人照顾的老年人提供的一种服务设施。其收费标准大体相当于政府发给每个老人的养老金。③家庭照顾。这是政府为使老人留在社区、留在家庭而采取的一种政策措施，具体表现为由家庭成员进行照顾，但政府提供适当的津贴。④设立短期护理暂托处。这主要是为了解决因家庭有事外出或离家度假而得不到照顾的老年人、残疾人的照顾问题。⑤上门服务。这是对居住在自己家里，但生活不能完全自理的老人提供的一项服务。⑥开办社区老人院，集中收养生活不能自理又无人照顾的老年人。

（二）社区服务的主导者

提升教育水平如今已成为一项国家事务，公众期待中央政府而非地方政府来制定与领导教育政策。全球化以及获得优质工作的压力将对技能和教育资格的获得推向经济与社会政策的前台。教育依然是抵抗社会排斥最有力的武器，是推动地方社区繁荣与获取资源的重要手段。

20世纪80年代和90年代一个最基本的转变是：地方政府不再是教育规划与供给的核心部门，保守党政府强调的是通过家庭与进修性的教育选择以及其他市场机制来提供教育服务。与此同时，中小学与大学获得了更多的自主性，当然还是在一个全国性的教育框架之内。在这一新框架下，"地方教育机构"（Local Education Authorities，LEAs）的功能被削弱了，这一部门已基本不具备什么权力。工党在1997年执政后依然维持这一转变趋势。

然而，由中央政府直接来管理24000所中小学的运作是不切实际的，绝大多数部长也承认如果将地方权威部门从教育系统中移除，中央政府依然需要设立相应的机构替代它。因此，有学者提出成功的改革需要自上而下与自下而上的变革相结合。

中央政府已经意识到自上而下变革的某种局限性，以及具有挑战性的教育方案依然需要地方这一维度的具体实践。如今依然在争论中的是地方权威部门是不是地方这一维度中最合适的合作机构。中央政府给 LEAs 设定了三项主要任务。

核心角色——保障中小学系统的基础设施。每个孩子都有受教育的机会；有特殊需要的孩子能接受适恰的教育与支持；对学校人数的变化要进行事先的规划；确保部分学生获得交通费的补助；对学校大型建设项目的管理与资金支持。

领导者角色——LEAs 拥有独一无二的合法性。它们是民主选举架构的一部分；这一合法性给予其领导地方教育共同体的权威性；设置该地区教育愿景与规划；将不同的合作伙伴结合在一起以实现变迁与推动进步。

学校促进者角色——为校长、管理者以及教师提供支持，也要对学校的各项表现进行监督、提出建议。

地方当局对学校有限的控制意味着要给学校赋权，推动其发展并激发教师、家长和学生的积极性。这有赖于丰富的当地知识和网络，以及推动当地政府从服务供给者的角色转向领导者、合作者的角色。

（三）政府—企业—民间组织的合作

英国的健康与社会关怀服务是由政府与私人部门共同提供的。如"国家健康服务"（National Health Service，NHS）长期以来从私人部门购买高度专业化的精神病治疗服务，地方权威的社会服务部门很早就意识到从专业的私人部门购买儿童居家关怀服务是有必要的。

从 20 世纪 90 年代开始，许多志愿组织就成为公共社区关怀服务的提供者。新工党执政以来针对健康服务的提供者制定了一些新政策以打破公与私之间的界限。此外，政府正在制定一些新的系统以便推动资金在 PCT（Primary Care Trust，控制着 NHS75％的资金预算）和其他健康服务提供者之间流动。

四 社区治理与公民参与

20世纪60年代为了回应扩大福利国家覆盖面的议题（从提供福利到社会与社区服务），国家力量逐渐在较落后的社区中出现。这样就产生一批行政官员和专家，不仅将他们的工作领域限定在社区之内，而且传播一种开放的积极的自我帮助的方法以促进服务的开展与政策的实施。从而逐渐形成了社区治理模式的核心，为中央政府提供关于地方环境的知识与反馈。这些地方性的制度就发展成为政策性的叙事和话语，反过来影响国家政策的制定者。中央政府在筛选这些叙事和话语并对当地的制度结构进行评估后，就能将责任与决策制定的权力移交给社区。举例而言，当国家发现自己无力处理不断增长的犯罪率的问题时，发达地区的治理网络就能在社区层面提供自我规范以及自我治理的经验。因而，参与式治理的社区的出现就是中央与地方不断互动的结果。

社区参与挑战了传统的技术官僚的治理模式。如今，越来越多的经验研究显示，社区参与对有效的政策制定的正面贡献。参与，或者说参与行为，被认为具备一系列潜在功能：推动个体的转变，促进社区集体意识的增强；促进形成社区内部以及跨社区的共识。如今，社区参与对政策制定者以及学术界产生了强有力的规范性意义。

然而，在社区参与的讨论中，对参与的政治以及权力的动力机制少有论述，这样就产生了"对权力关系以及参与作为一种政治和社会话语与实践的忽略"。对已有的社区参与研究的批判呼唤一种对政治和战略力量更加深入的分析，这种分析将社区参与放到了民主治理的中心以及社区有效参与政策制定的条件的探讨之中。

具体而言，有以下七个议题值得进一步讨论。

第一，社区内不平等的权力关系。威胁社区参与的最严重的问题是参与者来自不同的权力位置。那些在收入、教育，或者成员关系方面享有优势地位的群体在具体的参与事务的安排上拥有更多的技巧与资源。优势集团会发现解决一些议题是轻而易举的事情,从而很容易排除掉一些威胁其地位与利益的事项。具体而言,一些被普遍接受的规范可能严重损害少数族群或教育匮乏群体的利益。此外,还有批评家指出还需要关注政党在其中的性质与利益。

第二,代表的模式。结构力量的差异性引申出参与安排中的代表性议题,尤其是妇女以及无法被代表的群体比如少数族群。具体来看,在社区参与问题上谁被吸纳进来,谁被排除在外,以及一些更广泛的议题,如谁主导进程以及谁设计框架依然是模糊不清的。

第三,社区参与和政策结果之间的关联。社区参与对政策结果的贡献也依然是不清晰的。

第四,社区参与结果的持久性与介入的程度。几乎很少有人知道参与过程和结果的持久性,以及让参与在社区中长久维持的条件,尤其在面对挫折与失败时。换言之,即社区参与能持续多久?用何种方式能将效能尽可能长久地维持住?即便社区参与的一些成果通过某种制度化的国家—社会合作模式而固化,然而参与性安排的成功依然依赖于普通民众持续的努力。

第五,厘清物理与社会之间的关系。空间区隔以及社会凝聚力均受到一个社区物理空间设计的影响。改善社区环境能增强居民与犯罪抗争的能力并促进社会整合。20世纪60年代和70年代开展的大规模的城市复兴运动给受影响的社区带来了巨大的社会变迁。因此,这一方面的研究有待进一步拓展。

第六,社区干预的适当性。这一问题的提出是基于社区代表组织进行民主参与的合理程度。在许多情况下,一些社会问题的起因,如贫困、失业、犯罪等的起因是外在于社区的。在社区层面处理这些问题有可能遮蔽这些问题的起因并阻碍在适恰的层面解决这些问题的努力。

第七,与更广泛的政策过程以及代议制民主的连接。这就引申出社区参与的政治与行政环境议题。现存的制度框架的改革落后于政策环境中参与式发展的需要。传统的代议制民主制度脱离于政治行为和参与的新环境。

1. 公民参与的类型

依据"欧洲社会调查"（European Social Survey, ESS），笔者将英国的公民参与分为两类：社会参与以及政治参与。

2. 公民参与方式和途径（以下数据基于ESS调查）

主要的社会参与方式包括：参加志愿者协会；社会性的交往；助人行为。

人们通常认为志愿者协会以及俱乐部在居民的社会与政治生活中扮演着非常重要的角色，经由它们，居民在生活的社区中获得了社会归属感与身份认同感，它们将社会团结在一起，培育公民之间的信任、合作与共同目标。它们的重要性还表现在：由于在国家权力之外建立起有组织的社会生活，因此有些时候居民可能会以政治的形式被动员起来。尽管多数组织都小心翼翼地避免介入政治，但它们依然具有政治上的重要性，因为它们有助于社会的整合与稳定，从而成为政府有效运作的基础。

依据ESS，可以划分出12种类型的志愿组织——商业、消费者、文化、环境、人道主义援助、政治、宗教、科学、社会性的俱乐部、运动、工会以及其他。同时，将公民的参与方式分为四种：成员；参与者；捐款者；志愿者。英国公民对这12种类型的志愿组织的参与率，从高到低依次为运动（36%）、消费者（33%）、文化（25%）、社会性的俱乐部和宗教（均为21%）、工会和环境（均为17%）、商业（15%）、人道主义援助（14%）、科学（13%）、其他（11%）、政治（3%）。在20个国家中，英国与卢森堡、爱尔兰、德国、以色列和法国的志愿者参与率均处于平均水平。

参加正式的志愿者协会是一回事，与他人进行社会性交往又是另一回事。绝大多数人的社会生活是由非正式的聚会构成的。ESS测量了社会生活与助人行为，数据显示，在英国有过非正式社会交往的比例为92%，比较而言参加正式的社会性俱乐部的比例为21%；有过非正式助人行为的比例为61%，而参加正式的人道主义援助组织的比例为14%。

主要的政治参与方式包括：传统的政治参与和政治抗议行动。

传统的政治参与包括：投票；参与政治运动；与政府官员或政治人物有

过接触；加入政治组织，为政党或组织工作或给政治组织捐钱；对政治感兴趣；讨论政治。

在英国，近一年内有过上述行为的公民按比例从高到低依次是：投票（72%）、讨论政治（62%）、对政治感兴趣（52%）、参与政治运动（20%）、与政府官员或政治人物有过接触（18%）、给政治组织捐钱（8%）、为政党或组织工作（3%）。在22个被测量的欧洲国家中，英国处于平均水平。

政治抗议行动包括：合法的示威游行；在请愿书上签字；联合抵制某些物品；基于政治、道德或环境原因而有意识地购买某种产品。尽管这些行为都是合法、民主的，然而其依然不同于传统的政治参与，因为它们是某种直接的政治参与形式，通常外在于一些常规的如政党、政府、压力集团等政治渠道。在过去的半个世纪中，西方国家中参加此类政治行动的人数相对传统的政治参与要少很多，它们已经成为常规的政治参与的一部分。

在英国，近一年内参加过上述政治抗议行动的公民按比例从高到低依次是：在请愿书上签字（40%），基于政治、道德或环境原因而有意识地购买某种产品（32%），联合抵制某些物品（26%），合法的示威游行（11%）。在22个欧洲国家中，英国要高于平均水平。

综合公民的社会与政治参与两种形式来看，英国在22个被测量的欧洲国家中处于平均水平。德国、法国、爱尔兰、比利时和卢森堡与其处在同一水平。

3. 公民参与主体和公民参与度的变化

公民参与的主体包括以下几类：社区团体，通常是以教会为基础的地方组织；社区工作者，社区工作人员或专家；志愿者，指的是各种志愿者团体；地方权威机构；其他地方机构，住房联合会、住房协会（仲裁调解机构）、卫生与供水机构或其他公用事业单位；全国性的协会，如全国性地方利益的代表组织；其他全国性志愿者机构，如社区团体组织、社区发展常设会议（SCCD）、从业者组织、社区工作者协会（Association of Community Workers）；学术机构，主要教育培训社区工作者，从事社区发展的理论与技术研究,以及社区发展的评估工作;支持社区发展的捐赠组织和基金组织;中央政府有关部门,如内政部等;欧洲委员会。

2001年以来,志愿行为(正式的与非正式的)的总体比例没有发生变化。然而,正式的志愿行为①比例上升(从39%上升到45%),非正式的志愿行为②比例下降(从67%下降到63%)。公民参与的总体比例从2001年以来亦没有发生变化。

活动频率下降,在接受采访前的12个月中,有48%的成年人至少每月参加过一次志愿活动,3%有过公民参与行为。非正式的志愿行为参与率要高于正式的志愿行为:前者为35%,后者为27%。

2007年4~6月,43%来自"面临社会排斥风险组群"(groups at risk of social exclusion)③的成年人每月至少参加过一次志愿活动。在这一群体中,非正式志愿行为的比例(34%)要高于正式志愿行为的比例(22%)。

在不同的种族组群中志愿行为存在一些差异。非洲黑人(31%)、白人(29%)、加勒比黑人(28%)以及印度人(27%)的正式志愿行为参与率比巴基斯坦人(14%)和孟加拉国人(12%)要高。

在非正式志愿行为中也是一样,有42%的非洲黑人每月至少有过一次非正式志愿行为,而只有24%的孟加拉国人和23%的巴基斯坦人有过志愿行为。

从性别的视角来看,女性比男性有更高的志愿行为参与比例,无论是正式志愿行为(女性31%,男性24%)还是非正式志愿行为(女性40%,男性30%)。

---

① 正式的志愿行为,指通过集团、俱乐部或组织给予无偿的帮助以助力他人或周遭的环境。
② 非正式的志愿行为,指以个体的方式给予非亲属的人群无偿的帮助。
③ 面临社会排斥风险组群,指被定义为黑人和少数组群,没有正式学位资格或残疾以及有慢性病的人群。

五 社区治理的变革与创新

（一）新地方主义

罗伯特·希尔（Robert Hill，布莱尔第一任期内的地方管理顾问）认为，地方当局对自身所扮演角色的认识需要一种新的视野，即不仅仅是服务的提供者，同时还是社区的领袖，在与中央政府、商业机构以及志愿部门的合作中了解并满足地方的需求。新地方主义逐步成为新工党未来战略的核心特征。

总体来看，新工党的改革方案取得了一些实质性的成果。然而目前地方治理基本上仍然由政党政治和政治家主导，只是政党介入地方社区的力量比以前弱许多。

如今新工党已进一步意识到中央政府干预的局限性，因而寻找一种新的方式以促进地方治理的活力与能动性。

笔者认为公共服务不应该是市场失灵时的某种补充。首先，公共服务为人们的日常生活提供了基础设施与支持机制。无论是教育、社会关怀还是公共交通、公共服务都要尽可能使人们实现其目标发挥自身的潜能。其次，公共服务应该成为社区整合性的体现，标志着人们共同生活在同一个社会中并且彼此支持。因此，地方政府应该成为社区领袖，但并不是以威权为基础的方式，而是应该建立在多元与开放的政治基础之上。

新地方主义并不意味着地方政府可以做任何事，中央政府应该停止做任何事。而是说，在某些方面地方政府可以比中央政府做得更好。首先，地方政府能更好地了解并满足当地居民的新需求。其次，地方政府在服务提供中能让更多当地居民参与进来共同解决社区所面临的问题。

（二）网络化的社区治理

网络化的社区治理模式成形于20世纪90年代中期。它从地方主义的意识形态中吸取灵感，这也意味着地方管理的核心任务是直接或间接满足社区的需求。其目标并非简单达到某种有效性而是公共价值，即最有效地使用公共资源以满足公众最切实的需要。

从韦伯的视角来看，科层官僚体制通过四种方式实现组织的有效性。第一，将官员安置到有明确劳动分工的科层制体制之中；第二，官员以一种全职的方式被雇用，这种全职的职业结构使得连续性和长期晋升被强化了；第三，官员的工作都依据预设规范的指导，并且有书面记录；第四，官员是依据其业绩来任命的。事实上，他们经过长期的训练后成为某个方面的专家，转而又操控了其所负责领域的信息与知识。

韦伯模型对整个西方民主传统思想有着实质性的影响，这同样反映在主导英国政治的威斯敏斯特模型中。整个英国政治体系的特征，即一个利用强势内阁政府、议会统治、公平的市民服务以及选举而获得公信力的国家。而地方管理则承袭许多传统：委员会系统、部门的基础、官员的喜好以及专家的影响。关于政党角色更普遍的假设是，公众的消极性以及来自选举的过度的合法性都深植于地方政府的实践者与观察者脑海中。

与之相对照的是，网络社区治理的视角提供了一个更广阔、松散的组织框架。实践中，在邻里、地方、区域、国家乃至跨国层面的政府代理部门之间存在许多关联。同时，在每一层面，政府机构、私营公司、志愿组织和利益群体之间又有许多关联。这样的治理模式并不意味着能够避免冲突的发生，只是说明除了通过核心制度，如官僚体制、政党和有限的民主的精英形式，还存在许多不同的管理方式。

从网络社区治理的角度来看，与官僚机构的合作可以通过规范、市场、利益的表达（interest articulation）以及信任的网络来实现。

第一，网络社区治理让我们注意到公共部门内部的规范。有学者指出政府内部有三个维度的规范。①一个公共组织的目的在于形塑另一个组织的活动。②监督总是近在咫尺。③监督者有某种官方的委托权以微调被管理者的行为并试图改变之。

第二个合作机制是由市场提供的。市场或准市场机制提供了实现适恰激励的一般方法。在这种机制下的政府机构依然扮演着组织安排者的角色,然而提供服务的责任则落到另一个机构身上,而该机构是通过竞争赢得此项委托的。方式可以是多种多样的,从熟悉的与私人或志愿部门合作到公共部门的服务提供者之间的准市场竞争。通过将服务细化、选择最佳服务提供者以及对其服务过程的监督使政府实现了最有效的合作目的。

第三个机制是通过利益的表达来提供的。通过表达以及行动来改变并不合乎其意愿的状态,并达到所期待的个体能实现集体利益的目标。

第四个机制是信任。信任能将行动者联系在一起,并解决集体行动中的许多问题。

理解这些治理机制就能让我们更好地理解网络社区治理的过程。

(三)共同体治理(community governance)的出现

共同体治理的出现原则上是对政治动态,即在撒切尔时代对地方管理者角色和重要性的削弱的反映,亦是知识与学术界对未来地方层面从管理到治理的理论化表述。保守党政府对地方管理的方法是基于某种信念,即地方管理是浪费资源的和无效的;基于某种事实,即持续的财政危机使得公共开支必须有所减少,地方政府就是一个重要的资源。保守党政府几乎挑战了地方管理的每个方面,质疑地方政府作为服务提供者的适宜性、作为地方权威机构的权威性以及地方公民代表的合法性。由此产生了一个地方管理改革的激进项目,主要包括三方面的主题。

促进有效性——新公共管理(the New Public Management)。这是一个减少地方政府享有的金融自决权的法定项目,以此为新的金融和服务规划奠定法定基础。通过"标准支出评估"(Standard Spending Assessment)中央政府对地方政府金融的控制力度逐步加大。"强制竞争投标"(Compulsory Competitive Tendering)寻求将市场原则引入公共部门。新公共管理要求一种管理者主体的创新,要求对地方事务进行理性的评判和管理。此外,还成立了"审计委员会"(the Audit Commission)对地方政府3E(经济、效率和有效性)的执行状况进行监督。

赋权消费者——宪章与选择。在重新设定公众与地方政府的关系过程中需要引入私人部门的语言,如"消费者"等。这就意味着要赋予公众消费者的权利。中央政府对此的主要贡献是公民宪章(1991年)的颁布。宪章明确公民应该从服务提供者那里得到什么,同时进一步明确公民应扮演的积极和自利的个体角色。这就包括作为纳税人,公民有权要求地方政府高效透明地利用资金,同时作为负责任的公民有义务对其自身、财产以及家庭负责。

将国家带回来——准非政府组织与授权的议会。"准自治的非政府组织"渗透到健康、教育、培训、住房等各个领域。对私人部门的强调使得许多服务的提供从地方政府那里转移到私人部门手中,如"培训与创业委员会"。这一举措的结果是地方的服务环境变得支离破碎,地方行动能力遭受质疑。为了克服这一问题,合作主义得到倡导。

保守党成功实现了地方政府的转型。其改革项目和正在发展的全球政治经济趋势共同改变了地方政府运作的条件。他们削弱并重新界定了地方政府的角色,以至于到了20世纪90年代中期,地方政府的权威、合法性以及公信力遭受质疑。因而,"地方治理"一词出现了,以反映地方权威部门在决策与服务提供中本质与形式的变化。

"地方治理"的出现意味着治理的过程是多元化的,这些过程的参与者包括:选举产生的地方政府部门、市场机制、网络或合作主义的合作对象、与政府部门相分割的公共利益集团,如共同体发展信托社。

有学者对这一理论提出了批评,指出其局限性:首先是由于缺少一个对整个地区负责的机构,治理环境变得支离破碎;其次是民主的欠缺,这些未经选举产生的代理机构及其之间的合作与网络如何在缺少权力资源的情况下仍具备公信力。他们由此提出了"共同体治理"的概念,在满足环境多元化需求的同时要求地方政府依然扮演一定的角色。

"共同体治理"包含三个方面的特征:首先是在一个不确定和复杂的世

界中保障共同体的福利；其次是与其他组织或个人合作以满足和确保居民福利；最后是寻找与公民交流沟通的新方式以了解共同体的需求。

其实，新工党的主要改革政策都为共同体治理的发展做出了潜在贡献。

一是给地方政府设定了一个"共同体战略职责"，要求战略框架明确共同体所要达到的目标，并制定相应的行动项目来实现目标。

二是授予地方政府一定的"经济、社会和环境福利方面的权力"。

三是要求接受"邻里复兴基金"（Neighborhood Renewal Funding）资助的地区建立"地方战略合作伙伴关系"以监督资金的使用，地方权威部门有责任建立这些合作关系，但并不是领导它们。

四是那些作为地方复兴关键地区的目标共同体通过更加地方化的跨部门机制得到推广，包括"邻里管理"（Neighborhood Management）计划。

同时，有三个原则有力地支撑了共同体治理的框架。

地方管理的原则：作为新工党的政策结果，地方管理的原则进一步弱化，这主要表现在地方当局法定决策权的降低、受限制的金融框架，以及给部分"最佳表现"的地方议会所颁发的奖项。

合作关系的原则：在地方公共政策体系中，有着多种合作关系而且各不相同，最重要的一点是意识到合作关系原则与分享的所有权与公信力之间的关系。共同体战略的发展以及地方战略合作关系在这里依然是关键。

参与的原则：公民在地方治理中真正拥有参与的机会是在1997年之后。然而有部分学者指出，由于无法有效地将代议制与民主结合在一起，新工党的民主复兴计划无法形成一种民主参与的新形式。

概括而言，新工党的确通过共同体领导权政策、民主复兴政策、公共服务的现代化等方式摆出一种向共同体治理转型的姿态，然而这些与共同体治理的原则本身还是存在不和谐因素。其结果是，共同体治理与其说是地方治理的一种哲学，还不如说是地方政府众多功能中的一种。共同体治理这一概念的持续运用有赖于后改革时期新工党的政治环境。地区所面对的环境是复杂的，制度环境也是支离破碎的。这就需要地方政府将注意力放到地方符号、地方传统中,运用共同体治理这个概念激发民众的荣誉感。然而,这并不应当被简单地视为一种"怀乡病",也不是脱离地方现实的对传统一味地保留。因此,地方政府需要扮演领导者的角色在决定代议与参与过程之间实现互补。

当代中国中产阶层的公益参与[*]

——从宋以来的慈善传统出发(代后记)

一 绪论

在中国改革开放40多年的时间里,产生了一个以商人、民营企业主、专业人士和职业经理人为主的中产(学界往往也称其为"中间")群体。他们广泛而深入地参与国家的经济、政治与社会建设,而公益慈善则是其最为重要的社会参与的形式和途径。

从史料的研究中,我们可以发现中国自古就存有以儒家和佛教思想为理念的慈善传统,士大夫与绅衿们依托宗族乡绅和佛堂寺庙救济贫病之人;中国进入近现代社会以后,随着天主教、基督教等众多西方传教士来华宣教,西方社会以教堂教会为依托的慈善与社会服务组织也相继来到中国,新式乡绅、知识分子与民族资产阶级创办各类西式学堂,兴建诊所医院。改革开放40多年来,伴随着中产阶层的发展与成熟,无论是官方慈善还是民间公益都获得了长足的发展。

本章即从宋代的慈善传统出发,在对宋以降的官方救济福利政策、民间慈善以及士大夫与绅衿(传统中国社会中的中产阶层或中间等级)的施善与教化,以及近代新式知识群体的公益参与进行简要回顾的过程中,探索当代中国中产阶层的公益实践及其社会与政治意义。

---

[*] 本文原载于《慈善文化研究》2024年第1期。

二 宋明清的慈善传统与乡绅的施善与教化

宋代社会救济制度基本上由中央政府所策划,在社会救济的意识形态方面,宋代沿袭唐中期后以中央为主导的传统,民间的力量只是作为适度的配合。然而,南宋时代的社会救济已有日益明显的地方色彩,比如,朱熹的社仓制度及连带的举子仓制度在很大程度上依靠地方资源来维持。此外,在宋代受济人的先决条件是"不能自存"而不是"无亲",至于如何确定受济之人为贫乏,也是基于地方有名望的人即乡绅对待受济人的经济条件的主观判断。

明朝政府不曾制定一套长期性的、全国性的社会救济政策。既然政府并不正视新富及贫穷所带来的社会焦虑,地方精英自然而然地接手处理这个问题;他们的关心,主要基于在新财富进入社会以后,贫穷所产生的社会层面及道德层面的极大困扰。

明末民间慈善组织之中以同善会最突出。江南地区参与同善会活动的士人包括多位东林党人士及他们的同情者。明末名士大部分在罢官或退隐期间在故乡推动地方慈善活动。明末慈善组织的主要特色:绝大部分是长期性的组织,由地方上有名望之士人推动,这些无官位的地方领袖带动一般百姓组织善会,救济当地贫民,但又不属于任何宗教团体。

清代,地方官僚力量介入善堂的管理之后,显现出更多的官僚主义。善堂可以说是官督民办的组织。雍正二年(1724)的诏令除了鼓励地方官在都市设立更多的善堂外,也承认了这些既存已久、由地方人士管理的组织。乾隆以后,各类慈善组织更为普遍,进一步肯定官员与士民的合作关系。其发展的原因在于清政府比宋政府多了一个极为有力而且较以前主动得多的伙伴,那就是由绅衿及商人所构成的地方精英阶层。地方精英自明中期后不断茁壮成长,成为政府不容忽视的一股社会力量。①

---

① 关于明清慈善的研究,详见梁其姿《施善与教化:明清时期的慈善组织》,北京师范大学出版社,2013;〔日〕夫马进《中国善会善堂史研究》,伍跃、杨文信、张学锋译,商务印书馆,2005。

也正是这一股自晚明发展起来的社会力量,成为后来戊戌维新、辛亥革命,乃至民国时期国家建设和乡村建设的源头,而其精神领袖与骨干成员都来自官宦集团和乡绅阶层,以及近世西学东渐后在他们中脱胎换骨而来的新式中产阶层,在精神和道统上也都可以说同时秉承了晚明的遗民传统。①

三 中国近代的慈善转型与新式知识群体的公益参与

鸦片战争之后伴随着西方列强的侵入,传统的官宦集团与乡绅阶层也从对地方公事的施善与教化,逐渐转向对国家利益与民族大义的公益参与和革命实践。由是,传统的慈善话语开始进入近代的公益话语体系之中。② 笔者在此想特别指出的是,19世纪末,表示"国家利益"的"公益"用法经由留日人士所办各种出版物传入中国。其中,刊印最早、影响最大的一部当属清末驻日参赞黄遵宪所著《日本国志》。自此,在官宦乡绅尤其是新式知识阶层(后者多出自前者)的心目中"公益"中的公就自然而然承袭了"天下为公"中公的普遍性和道德性,并代表了近代以来的"国家利益",公益行为的核心也就等同于"爱国合群"。③

戊戌维新以后,"公益"几乎成为"国家建设"的代名词,其中包含以爱国合群、地方自治与宪政为核心的政治建设,以糅合传统与新式的福利慈善为核心的社会建设,以集体经济、公共财产、铁路利权为核心的经济建设和以平民与妇女教育为核心的新式教育体系建设。可以说,在以"救亡图存"和"自强赶超"为使命的整个近代社会转型的历史进程中,无论是以

---

① 沟口雄三(2011:117)素来"视明末清初的变动与清末的动荡为一连续体"。另,原注参见武洹宇《中国近代"公益"的观念生成:概念谱系与结构过程》,《社会》2018年第6期。

② 对"公益"概念在详细讨论可参见武洹宇《中国近代"公益"的观念生成:概念谱系与结构过程》,《社会》2018年第6期。

③ 列文森(2000):"近代中国思想史的大部分时期,是一个使'天下'成为'国家'的过程。"另,原注参见武洹宇《中国近代"公益"的观念生成:概念谱系与结构过程》,《社会》2018年第6期。

温和的改良还是激进的革命的方式进行"国家建设",新旧乡绅和买办阶层及其子女一代,即近代社会中的第一批中产阶层始终是这股"公益"思潮与行动的领导者和中坚力量。

而如何才能培育民众"爱国合群"的公益精神?拥护维新思想的新式知识群体都认为"合群"需要先"立会",后者直接决定国家强弱。由是,康有为在京发起"强学会",谭嗣同在浏阳发起"算学会",孙中山在广州发起"农学会"。到戊戌变法前夕,全国各种维新社团已多达70余个,遍及30多个城市。庚子之后,兴起了一批以"开民智"为宗旨的会社、团体,主要面向中下层的普通民众。阅报社、宣讲所、演说会乃至画报、白话报以及小说、戏曲、戏剧改良等推动平民启蒙的团体活动以多种多样的形式在全国各地不断涌现。到了20世纪20年代后期,农村问题成为中国知识界最为关心的问题。无论是将乡村建设视为平民教育一部分的晏阳初,还是将其视为"中华民族之前途"的梁漱溟,抑或是将其视作社会调查与社区研究方法与实践的杨开道和费孝通等社会学家,都属于中国知识分子(士大夫)首次走入田间地头与乡绅阶层合力推进近代乡村的公益事业。据不完全统计,当时在全国从事乡建工作的团体、机构就有600多个,先后设立的各种试验区多达1000多处。①

由于抗日战争的全面爆发和持久战的拉开,以及内战的爆发,历史的确没有留给老绅士和买办的第二代形成一个如同西方国家在18~20世纪崛起的新兴资产阶级和中产阶级,以全面投入中国的现代化建设的时间。但从上述众多清末至民国的公益史料中,可以看到新绅士和买办的第二代绝不缺乏积极的政治责任感。

这种自宋明以来,以"天下为公"为己任的士大夫和乡绅集团的道统,在近代公益中被乡绅学者、维新人士和革命义士保存、传承和发扬,虽历经抗战、内战、土改、文革,但公益薪火不断,在改革开放40多年的时间里,社会各界人士广泛参与到当代中国的慈善与公益事业中,尤其值得关注的是

---

① 徐秀丽:《民国时期的乡村建设运动》,《安徽史学》2006年第4期。

其中新兴的中产阶层成为公益组织的发起人、组织者、捐助人和精神领袖，而公益的概念也从"国家利益""民族大义"转向"社会公共事务"，但其中"天下为公""合群爱国"的精神道统一直绵延至今，并在城乡社区中以丰富多样的组织形态，形成一种当代中国自下而上的强劲的社会创新力。

四 当代中国中产阶层的公益参与

40多年的改革开放与社会转型也在中国造就了中产阶层，当代中国中产阶层的产生与此社会发展阶段中的工业化、市场化、城市化及产业结构等因素紧密相关。

根据2015年度中国社会状况调查数据，在职业标准定义的中产阶层中，体制内新中产占31.6%（8618万人），体制外新中产占26.4%（私营企业和外资企业的管理技术人员、中介组织和社会组织从业人员、自由职业人员及新媒体从业人员，约7200万人），老中产占42%（个体工商户、小企业主、自雇经营者等小有产者，约1.15亿人）。[①] 由此可以推算，当代中国中产阶层总量约有2.7亿人，尽管占比不到中国人口总量的20%，但就实际数量而言，无论在中国还是世界范围内，都是一股巨大的经济、社会与政治力量。因此，近30年来对中产阶层功能的讨论一直都是中国学界和媒体的一个热门话题。

对于当代中国的中产阶层究竟发挥了怎样的功能，学界一直存在较大的争议。[②] 从20世纪90年代开始，民营企业和个体工商户数量进一步增加，而且作为新中产阶层主体的白领人数增多，这使得中产人群在消费领域显示出巨大的潜力，成为拉动内需的主力。有学者提出"经济前卫，政治后卫"

[①] 李春玲：《中国特色的中等收入群体概念界定——绝对标准模式与相对标准模式之比较》，《河北学刊》2017年第2期。
[②] 关于中产阶层功能的讨论详见李春玲主编《比较视野下的中产阶级形成：过程、影响以及社会经济后果》，社会科学文献出版社，2009，第35~40页。

的说法。①

近年来伴随中产阶层群体的进一步扩大，及其在中国社会建设和社会治理中积极推动作用的显现，由是，有部分研究者开始关注中产阶层在社会公共事务领域和政治领域的表现，比如对商会和行业协会的研究以及对业主委员会和环保组织等社会组织和社会运动的研究。② 有学者在对中产阶级社会政治态度进行测量后发现，企业家和老中产阶级表现出更强烈的政治保守主义取向，支持现存政府并认可维权政体，新中产阶级和边缘中产阶级的政治保守主义倾向较弱，虽然支持现存政府（主要是中央政府），但期望更多的民主参与。与此同时，企业家和老中产阶级表现出明显的保守主义倾向，他们对社会不平等现象容忍度更高；而新中产阶级和边缘中产阶级则期望更高程度的社会平等。③ 这也在一定程度上解释了为何新中产成为当代中国公益参与的主要力量，"公益"成为他们社会参与的主要内容和民主参与的替代形式，借此推动社会政治体制的渐进式改良，实现内心部分的自由主义价值理念。

相关实证研究也在一定程度上验证了上述假设。香港中文大学社会创新研究中心（CSIS）2010 年对北京、广东和云南的 263 家民间组织所做的问卷调查显示，74.7% 的组织发起人来自中产阶层。与此同时，大学毕业生和研究生正在成为社会组织最主要的志愿者和从业者，其中有相当一部分有志于在社会组织中实现自己的人生理想。如果说普通民众尤其是其中的中产阶层公益参与意识的增强为社会组织的发展提供了良好的社会舆论环境，那么近些年由企业家出资组建的非公募基金会的发展则显示了企业家阶层公益精神的增强，当然这也为社会组织的创生和发展提供了财物支持。调查显示，在社会组织的所有收入中，来自基金会的资金所占比例平均为 65.1%。

---

① 周晓虹：《再论中产阶级：理论、历史与类型学 兼及一种全球化的视野》，《社会》2005 年第 4 期。
② 朱健刚：《国家、权力与街区空间：当代中国街区权力研究导论》，《中国社会科学季刊》1999 年第 26 期。
③ 李春玲：《寻求变革还是安于现状 中产阶级社会政治态度测量》，《社会》2011 年第 2 期。

此外，CSIS 和民政部的调查数据显示，公共服务类（包括社会事业、社会服务和慈善）社会组织数量占比最高，其次是经济类组织，再次是环境与动物保护和法律维权类组织（以下简称维权类组织），最后是学术研究、职业、宗教类组织。其中，我们可以将公共服务类和维权类组织归入公益组织的范畴。由此可见，改革开放 40 多年间这些由民间自发创建的社会组织的主体为公益性质的组织。

由此可见，近一阶段对中产阶层的政治与社会功能的研究视角的转向有着较大的现实价值与意义。在这些年迅速成长起来的各类社会组织中，中产阶层积极投身其中担任顾问、理事会委员、机构领导者、培训咨询师、志愿者。在环保、劳工维权、慈善救助、社会服务、文化教育、学术倡导等领域发出自己的声音，展示出强劲的行动力，并在组织内部训练和培育民主治理的架构，从而成为推动中国社会建设、社会治理和社会创新的巨大力量。

五 结语

对西欧社会史的研究发现：在英国工业化过程的早期，就涌现出大量的志愿组织以实现市场与政府无法满足的社会功能，这种以社团为主要载体的市民社会的形成对中产阶级的意识的形成产生了重要的影响。[1] 西欧资本主义迅猛发展的维多利亚时代的中产阶级已具备明确的政治态度与立场、强烈的经济活力与野心、温和的社会改良方案与实践能力。[2] 西方政治理论家如亨廷顿、利普塞特和格拉斯曼等人基于西方社会发展经验提出了中产阶级产生与民主政治发展之间的关系。[3]

尽管对中产阶级的研究路径和视角各不相同，但在西方国家每一次重大社会变革和公益事业中，中产阶级均成为主导力量已成为不争的事实。无论

---

[1] 〔美〕约翰·斯梅尔：《中产阶级文化的起源》，陈勇译，上海人民出版社，2006，第 8 页。
[2] 〔美〕彼得·盖伊：《施尼兹勒的世纪：中产阶级文化的形成，1815—1914》，梁永安译，北京大学出版社，2006，第 334~335 页。
[3] 李春玲：《寻求变革还是安于现状 中产阶级社会政治态度测量》，《社会》2011 年第 2 期。

是在美国的"进步运动"、"罗斯福新政"和"伟大社会"的社会建设与革新运动中,还是英国的"费边主义"和"基督教福音派"的社会改良运动中,中产阶级都承担了重要的使命与责任。可以说,这也是现代西方社会进步、繁荣与稳定的最重要的结构性原因。

因此,当代中国这些热心于公益慈善的中产阶层究竟是传统慈善的继承者、近代公益的沿革者,还是当代市民社会的建设者?这三者的影子或许都可以从当代公益人的身上找到。无论他们是谁,他们也绝不是用"消费前卫,政治后卫"可以简单概述的群体。正是在"公益参与"这一层面,当代中国的中产阶层,尤其是新中产中的民营企业主、职业经理人和专业技术人员群体作为传统公益慈善的继承者的同时开始显现出现代公民性的品格和特征[1],在中国社会的大转变与大变革时期,逐渐承担起理性批判和社会改良的使命与责任。

---

[1] 在现代社会中公民性是个人之间以共同体意识为前提的相互善待,可以按照序列分解为礼貌、非暴力、宽容心、同情心、志愿者精神、相互尊重、共同体意识等七项要素。

跋

本书收录了 2008 年以来我与学生关于社会组织和社区治理的研究与思考的一系列论文。同时，本书也是北京市教育委员会科研计划一般项目"社会资本理论视野下的北京市社区社会组织"（项目编号：SM201810005007）的主要成果。

从 2005 年下半年在香港中文大学社会学系启动博士学位论文的写作计划至今，已不知不觉在社会组织、社区治理和公益慈善的研究道路上走过了将近 20 年。在本书的第一篇中主要收录了我在此期间对于社会组织的观察与思考。2008 年 6 月完成博士学位论文答辩后，我即进入北京工业大学跟随陆学艺先生从事博士后研究，由此开始，我的研究重点转向了对当代中国公益慈善组织的研究，所使用的研究方法依然是以个案为主的质性研究。《北京市公益性社会组织案例分析》和《北京延庆农民专业合作社发展状况调查与分析》便是在这一阶段所做的个案研究基础上完成的两份调研报告。同一时期，我还参与了香港中文大学社会创新研究中心社会组织数据库的建设工作，负责北京地区社会组织问卷调查的数据收集，在此过程中接触到各种类型的民间草根社会组织，利用数据库的第一手资料以及自己对大量社会组织的感性认知形成了对社会组织与社会建设之间关系的理论思考，并构思了《论当代中国社会组织在社会建设中的主体地位》一文。

在第二篇中收录了五篇社会组织参与城市社区治理的文章，均是在社区与组织个案研究的基础上由我和学生合作完成的。在近 10 年中，我所研究和关注的重点转向城市社区营造和社区治理，着力于探讨社区社会组织尤其是其中的公益组织扮演的角色与发挥的功能。公益组织作为社会组织中的一类，如今已经成为参与城乡社区治理的重要力量。截至2022年12月底全国登记认定为慈善公益组织的机构总量为12974家，在社会组织总量中所占比重为1.45%。全球新冠疫情发生以来，面对各类突发公共事件，城乡社区居民尤其是老年人、残疾人、困境儿童等社会脆弱群体的多层次、个性化公共服务需求难以得到有效满足。因此，这是在国内经济体制改革、行政体制改革和社会治理面临的新问题与新形势下，对我国社区发展所提出的更高要求，即通过体制引领和机制创新，强化政社合作，扩大居民参与，提升社区治理的现代化水平。[①] 其本质是政府部门和民间力量回应脆弱群体多样化的民生需求和中产群体多元化的精神与文化需求。这些文章可以说都是对社区治理的这些新形势和新问题的思考与回应，旨在厘清当代公益组织与城市基层党组织和基层政府的权责边界；探索公益组织与其他社区治理参与主体之间的相互关系和互动模式，尤其是其中的社区居民如何借助公益组织参与社区治理、培养协商民主意识并培育自治的能力与惯习；提出培育发展和规范管理公益组织参与城市社区治理的政策建议，并在此基础上创新城市社区治理模式以适应和满足这个充满不确定性和快速变迁的复杂社会的需要。

第三篇收录的三篇文章建基于我在英国留学和访问期间对其首都伦敦及其他大都市社区治理的观察和思考。虽然中英两国的历史文化、民情风俗、经济发展阶段与社会政治制度存在巨大的差异，但大都市的社区复兴、营造与治理及其最富有特色的非政府组织——社会企业，对当代中国的城市社区治理和公益组织的发展建设均有一定的启发和参考价值。

本书能顺利付梓，首先要感谢北京工业大学文法学部出版基金的资助以及学部唐军教授、陈锋教授和所有同事的提携与支持。其次，要感谢当代中国公益慈善研究领域的朱健刚教授、陶林教授、林猛教授、武洹宇教授、曾

---

① 参见深圳国际公益慈善学院特聘教授、南开大学社会学院教授、《慈善蓝皮书》主编朱健刚，在2024年3月《慈善蓝皮书：中国慈善发展报告（2023）》出版座谈会上的发言。

国华教授、陆柯萍女士等众多志士同仁,如果没有读书会上持续的交流互动以及你们对我的鞭策与鼓励,我可能没有信心和勇气将这些旧文汇编成书;此外,感谢社会科学文献出版社张媛老师对本书的章节安排和具体内容提出的富有启发性的建议,我们一次次的交流使全书的结构更加合理和富有可读性。最后,如果没有先师陆学艺先生以及父母长期以来对我的督促、包容与厚爱,我可能无法在学术之路上走这么久。

图书在版编目(CIP)数据

社会组织与社区治理 / 曹飞廉等著 . -- 北京：社会科学文献出版社，2024.12（2025.9重印）. -- ISBN 978-7-5228-4016-1

Ⅰ. D669.3

中国国家版本馆CIP数据核字第20245FG348号

社会组织与社区治理

著　　者 / 曹飞廉 等

出 版 人 / 冀祥德
责任编辑 / 张　媛
责任印制 / 岳　阳

出　　版 / 社会科学文献出版社·皮书分社（010）59367127
　　　　　 地址：北京市北三环中路甲29号院华龙大厦　邮编：100029
　　　　　 网址：www.ssap.com.cn
发　　行 / 社会科学文献出版社（010）59367028
印　　装 / 唐山玺诚印务有限公司

规　　格 / 开　本：787mm×1092mm　1/16
　　　　　 印　张：14.5　字　数：217千字
版　　次 / 2024年12月第1版　2025年9月第2次印刷
书　　号 / ISBN 978-7-5228-4016-1
定　　价 / 98.00元

读者服务电话：4008918866

版权所有 翻印必究